# Inhalt

Dieses Buch ist meiner Frau Eleanor und meinen Töchtern Renee und Marbeth gewidmet, die so viel zu meinem Leben und meinem Dienst beigetragen haben.

# Vorwort

Esoterik, Astrologie, Spiritismus, Hexerei und Teufelsanbetung – das gegenwärtige Wiederaufleben des Okkulten ist nur eine der vielen Fronten im seit Jahrtausenden andauernden Krieg zwischen Gott und Satan. Wer nichts über diesen Krieg weiß, kann unmöglich verstehen, worum es in unserem Leben überhaupt geht, und der einzige Weg, etwas darüber herauszufinden, besteht darin, sich eingehend mit der Geschichtsphilosophie der Bibel zu befassen.

Seit Jahrhunderten ringt die Menschheit mit drei Hauptfragen: Woher kommen wir? Warum sind wir hier? Wohin gehen wir? Es gab zahllose Versuche, Antworten zu finden, wobei jeder dieser Versuche als Weltanschauung oder Geschichtsphilosophie bezeichnet werden könnte.

Die Bibel beantwortet alle drei Fragen – deshalb kann man von einer biblischen Geschichtsphilosophie sprechen. Das vorliegende Buch stellt einen Versuch dar, diese biblische Geschichtsphilosophie von Ewigkeit zu Ewigkeit nachzuzeichnen. Dabei ist es allerdings sehr wichtig, vorab auf einige Dinge hinzuweisen.

Erstens war es aus Zeit- und Platzgründen nur möglich, auf einige wenige der in der Bibel oder in außerbiblischen Quellen dokumentierten geschichtlichen Ereignisse einzugehen. Das geschah in der Absicht, das Ziel, das Gott durch die Geschichte verfolgt, anhand eines

allgemeinen Überblicks zu erklären.

Zweitens wird dargestellt, dass Gott oder Satan bestimmte Dinge bewirkt haben. Damit ist nicht in jedem einzelnen Fall gemeint, dass sie eine bestimmte Handlung tatsächlich selbst ausgeführt haben. In seltenen Fällen greifen Gott oder Satan direkt ein, meistens handeln sie durch„Mittelsmänner“. Sie benutzen die Taten von Menschen, Nationen und Engeln für ihre eigenen Zwecke, manchmal veranlassen sie sogar aktiv ein konkretes Vorgehen.

Drittens werden in der Bibel ausgewählte geschichtliche Ereignisse nur bis zum Ende des ersten Jahrhunderts aufgezeichnet. Außerdem gibt es prophetische Bezugnahmen auf Zukünftiges, allerdings werden keine spezifischen Ereignisse erwähnt, die sich zwischen dem Ende des ersten Jahrhunderts und der Gegenwart ereignet haben. Trotzdem wird die Geschichtsphilosophie in der Bibel so dargelegt, dass auch in der jetzigen Heilszeit stattfindende Ereignisse sinnvoll in den allgemein vorgegebenen Rahmen eingeordnet werden können. Deswegen wird im Folgenden auch auf einige Dinge eingegangen, die sich seit dem Ende des ersten Jahrhunderts ereignet haben.

# 1

# Entstehung und Hintergrund des Konflikts

## Ewigkeit und Schöpfung

Der Anfang der biblischen Geschichtsphilosophie ist der ewige, personale Gott, der in drei unterschiedlichen Personen existiert: Vater, Sohn und heiliger Geist. Vor der Schöpfung existierte nichts außer Gott.

In der Ewigkeit, vor dem Beginn der Zeit, entschied Gott, ein Reich zu schaffen, über das er als souveräner König herrschen konnte (1Tim 1,17). Da zu einem Königreich notwendigerweise Untertanen gehören, und da noch nichts vorhanden war, das ihm hätte dienen können, schuf Gott die Untertanen, über die er herrschen wollte.

Es gab zwei Arten dieser personalen, geschaffenen Untertanen. Als erstes schuf Gott Engel. Engel sind Geistwesen, die keinen Körper aus Fleisch und Blut haben (Mt 22,30; Hebr 1,13-14), aber Gott hatte sie mit Verstand und Denkvermögen ausgestattet (2Sam 14,20), und sie konnten mit anderen kommunizieren (1Mo 19,1-2). Sie waren mächtiger als alle anderen Geschöpfe (2Petr 2,11). Ihr Aufenthaltsort sollte der Himmel sein, aber nachdem die Erde geschaffen war, erhielten sie auch dort Zutritt (1Mo 19,1; Mt 24,36). Es gab Engel, die den anderen an Weisheit, Macht und Autorität überlegen waren (Dan 10,13; Eph 1,21; Kol 1,16). In der Bibel wird nicht offenbart, wie viele Engel Gott schuf, aber es werden Myriaden und dazu noch tausend mal tausend mehr genannt (Dan 7,10; Hebr 12,22; Offb 5,11).

Die zweite wichtige Art dieser personalen Untertanen, die für Gottes Königreich geschaffen wurden, war der Mensch. Gott hatte die Erde als Teil seines Herrschaftsgebietes erschaffen und auf ihr sollten Untertanen leben, die für ihn den Planeten verwalten. Manche Könige teilen ihr Reich in Provinzen auf, setzen über jede Provinz einen Statthalter, und jeder dieser Statthalter ist dem König persönlich verantwortlich, was die gute Verwaltung der ihm anvertrauten Provinz angeht. Genauso schuf Gott den Menschen, setzte ihn als Statthalter über die Erde ein und übergab ihm die Verantwortung, die Erde in seinem Namen gut zu verwalten (1Mo 1, 26.28; Ps 8,3-9). Mit anderen Worten, Gott wollte auf der Erde eine Theokratie einsetzen. Das *Oxford English Dictionary* definiert den Begriff „Theokratie" wie folgt:

Eine Regierungsform, in der Gott (oder eine Gottheit) als König bzw. unmittelbar herrscht. Seine Gebote werden als Gesetzbuch des Königreiches angesehen, wobei die Einhaltung dieser Gebote im Normalfall durch […] einen oder mehrere Stellvertreter, die als Minister und Bevollmächtigte fungieren, sichergestellt wird.[1]

Der Mensch brauchte spezielle Fähigkeiten, damit er die Erde für Gott verwalten konnte. Er musste das Wesen seiner irdischen, materiellen Provinz verstehen, deshalb bildete Gott ihm einen Körper aus dem Staub der Erde (1Mo 2,7). Außerdem musste er Gottes Anweisungen aufnehmen und verstehen können, weswegen Gott den Menschen in seinem Bilde (1Mo 1,26-28) als personales Wesen schuf, das einen Verstand hatte und kommunizieren konnte.

Mit der Erschaffung des Menschen war Gottes Arbeit für die Herstellung seines Reiches beendet. Das alles umfassende Reich Gottes war Wirklichkeit geworden, und nach seinem unfehlbarem Maßstab war alles darin sehr gut (1Mo 1, 31).

## Vom Fall der Engel bis zur Verheißung eines Erlösers

### Satans Rebellion

Nachdem die Schöpfung beendet war, wurde einer der höchsten Engel so stolz auf seine Macht und seine Fähigkeiten, dass er sich einbildete, er könne Gottes souveräne Herrschaft stürzen (Jes 14,12-14; Hes 28,11-17; 1Tim 3,6). Er wollte sein eigenes Reich aufrichten um damit so lange gegen Gottes Reich zu kämpfen, bis er den Sieg davon tragen und er selbst Herr über das ganze Universum sein würde. Weil dieser Engel gegen Gott rebellierte, wurde sein Name in „Satan" geändert, was „Widersacher" bedeutet.[2] Er war zum großen Revolutionär geworden und war nun der Feind Gottes und aller Mitglieder seines Reiches (Mt 13,25.28.39; Lk 10,18-19).

An dieser Stelle ist es angebracht, eine Tatsache über Satan zu betonen:All seinen hochfahrenden Plänen zum Trotz wird er niemals mehr als ein Geschöpf Gottes sein. In dieser Hinsicht unterscheidet sich die biblische Geschichtsphilosophie grundlegend von allen religiösen und philosophischen Systemen, die den Kampf zwischen zwei ebenbürtigen Göttern – einem guten und einem bösen – zum Inhalt haben. Der Bibel zufolge besteht nicht der geringste Zweifel daran, dass Gott, der Schöpfer, das Geschöpf Satan besiegen wird. Tatsächlich hätte Gott Satans Rebellion gleich zu Beginn niederschlagen können, aber es war sein souveräner Ratschluss, dies nicht zu tun. Die Gründe dafür werden später deutlich.

### Die Rebellion weiterer Engel

Damit er sein Reich aufrichten konnte, brauchte Satan Untertanen, um über sie zu herrschen, aber weil er ein Geschöpf ist, konnte er keine lebendigen Wesen erschaffen. Die einzige Möglichkeit, sich Untertanen zu verschaffen, bestand für ihn darin, andere Geschöpfe Gottes davon zu überzeugen, sich seiner Rebellion anzuschließen. Wenn sich sein Reich sowohl über die himmlische als auch über die irdische Sphäre erstrecken sollte, musste er sowohl Engel als auch Menschen auf seine Seite ziehen. Tatsächlich schloss sich eine beträchtliche Zahl der Engel Satans Aufstand an und unterstellte sich seiner Herrschaft. Die Bibel nimmt mehrfach auf Satan „und seine Engel" Bezug (Mt 25,41; Offb 12,7). Ergebnis dieser Entscheidung der betreffenden Engel war, dass Satan der Fürst der Engel wurde (Mt 12,24-26), der Fürst der Macht der Luft (Eph 2,2). Satan teilte seine Engel in verschiedene Ordnungen ein, damit sie effizient für sein Reich arbeiten konnten (Eph 6,11).

Obwohl also eine größere Zahl der Engel nicht mehr Gott, sondern Satan Gefolgschaft leistete, entschied sich andererseits eine riesige Zahl Engel dafür, Gott treu zu bleiben. Sie werden als „heilige" oder „auserwählte" Engel bezeichnet (Mk 8,38; 1Tim 5,21) und Gott blieb der Herr dieser Heerscharen (Jes 54,5; Jer 31,35). Zu Gottes Reich gehörte also weiterhin eine große Zahl Engel als Untertanen.

**Die Rebellion des Menschen**

Mit einem raffinierten Trick schlich sich Satan in den vollkommenen irdischen Aufenthaltsort des Menschen ein und versuchte ihn, Gottes ausdrückliches Gebot zu übertreten. Er lockte den Menschen dabei mit der Vorstellung, dass er wie Gott würde, wenn er nur ungehorsam wäre (1Mo 3,1-5). Mit anderen Worten behauptete er, dass der Mensch sein eigener Herr werden und selbst über sein Leben bestimmen könne, wenn er rebellieren würde. Obwohl Gott ihn davor gewarnt hatte, entschied der Mensch, die Anweisung seines göttlichen Königs zu ignorieren. Damit schloss sich der Verwalter der irdischen Provinz Gottes dem Aufstand gegen Gott an.

**Die Folgen der Rebellion des Menschen**

Die Rebellion des Menschen zog tragische Konsequenzen nach sich.

Erstens starb der Mensch den geistlichen Tod, als er Gott ungehorsam wurde (1Mo 2,16-17). Das heißt nicht, dass der immaterielle

Anteil seines Wesens ab diesem Zeitpunkt nicht mehr existierte, aber seine Natur veränderte sich grundlegend. Gott hatte den Menschen so geschaffen, dass er ihm gegenüber grundsätzlich positiv eingestellt war, eine Tatsache, die das gesamte Wesen des Menschen beeinflusste. Das Ergebnis davon war, dass der Mensch mit Gott Gemeinschaft hatte und ihm auf die richtige Art und Weise diente. Als der Mensch sich gegen Gott auflehnte, verlor er diese positive Grundeinstellung und war Gott stattdessen feindlich gesinnt (Röm 8,7). Der Mensch steht seither so sehr unter der Macht dieser feindseligen Gesinnung, dass sein ganzes Wesen davon in Mitleidenschaft gezogen wurde – ein Zustand, der als völlige Verdorbenheit des Menschen bezeichnet wird. Als Folge dieser Verdorbenheit war die Beziehung des Menschen zu Gott, der Quelle des Lebens, zerstört.

Zweitens würde der Mensch früher oder später den körperlichen Tod erleiden. Als er rebellierte, setzte in seinem Körper ein Verfallsprozess ein, so dass er Krankheiten, Missbildungen und letztlich dem Tod unterworfen war (1Mo 3,19; 5,5; Röm 5,12; 6,23; Hebr 9,27). Zum „natürlichen" Tod nach einem langsamen körperlichen Verfall kamen außerdem Gefährdungen aller Art hinzu, insbesondere durch Unfälle und Gewalt (1Mo 4,8; 9,5-6; Lk 13,4). Wegen seiner Rebellion wurde dem Menschen der Zugang zu einer Quelle ewigen Lebens verwehrt (1Mo 3,22-24).

Drittens änderte sich die Fähigkeit des Menschen, über die Erde zu herrschen, ihm war nun nicht mehr alles unterworfen (Hebr. 2,5-8). seine verbleibenden Fähigkeiten wurden verdorben, so dass er die Erde zwangsläufig missbrauchen und zerstören würde. Weil er Gott feindselig gesinnt war, übte der Mensch seine Herrschaft entgegen Gottes ursprünglichen Plänen aus.

Viertens: da der Mensch als Verwalter über Gottes irdische Provinz eingesetzt worden war, zog sein Fall auch sein Herrschaftsgebiet in Mitleidenschaft. Es ist oft so, dass eine Provinz unter der Rebellion ihres Statthalters gegen den König leidet, und so war es auch hier: die Fruchtbarkeit des Bodens ging stark zurück (1Mo 3,17), und zum ersten Mal wuchsen Dornen und Disteln (1Mo 3,18). Zahme, Pflanzen fressende Tiere (1Mo 1,30) wurden zu wilden Fleischfressern. Römer 8,19-22 zeigt, dass durch die Rebellion des Menschen die ganze irdische Schöpfung der Nichtigkeit und der Vergänglichkeit unterworfen wurde. Infolgedessen seufzt sie und liegt bis heute in Geburtswehen (Rö 8,22). Durch seine Sünde verlor der Mensch seinen vollkommenen Lebensraum.

Fünftens gehörte der Mensch jetzt nicht mehr zum Reich Gottes, sondern zu dem Satans. Das hatte tragische Auswirkungen auf die gesamte Menschheit. Weil die Ureltern der Menschheit gegen Gott rebellierten, und weil Menschen ihr Wesen an ihre Nachkommen weitergeben, wird jeder Mensch (außer Jesus) mit einer feindseligen Einstellung Gott gegenüber geboren. So kommt jeder Mensch geistlich tot und als Mitglied von Satans Königreich auf die Welt (Eph 2,1). Wenn er Gottes Weg der Erlösung nicht annimmt (dazu später mehr), steht jeder Mensch sein Leben lang unter dem Einfluss Satans und wandelt auf seinen Wegen (Eph 2,2). Satan macht ihn blind für die Wahrheit (2Kor 4,4) und täuscht ihn, so dass er Lüge für Wahrheit hält (2Kor 11,14-15). Jeder unerlöste Mensch lebt in geistlicher Dunkelheit und steht unter der Macht Satans (Apg 26,17-18), ist ein Kind des Teufels (Mt 13,37-39; Joh 8,44; 1Jo 3,8.10) und wird dasselbe Gericht wie Satan erleiden (Mt 13,40-42; 25,41; Offb 20,10.15). Zweite Korinther 6,14-15 zeigt, dass alle Unerlösten zu Satan und seinem Reich der Finsternis gehören. Satan benutzt unerlöste Menschen als Handlanger für seine Absichten (Hi 1,9-15.17; Lk 22,3-6; Joh 8,37.40.44.59; 2Thes 2,9; 1Jo 3,12).

Sechstens wurde die Theokratie umgestürzt und Satan riss die Herrschaft über die Welt an sich, weil Adam, der die irdische Provinz von Gottes alles umfassenden Königreich verwaltet hatte, zu Satan übergelaufen war. So änderte sich die Regierungsform der Erde von einer Theokratie zu einer Satanokratie. Deswegen nannte Jesus Satan den „Fürst dieser Welt“ (Joh 12,31; 14,30; 16,11), und deswegen konnte Satan Jesus alle Reiche des Erdkreises anbieten (Lk 4,5-6). Dementsprechend werden einige von Satans Engeln „die Weltbeherrscher dieser Finsternis“ genannt (Eph 6,2), ja, „die ganze Welt liegt in dem Bösen“ (1Jo 5,19). Satan dominiert das gegenwärtige Zeitalter so vollständig, dass der Apostel Paulus ihn als „Gott dieser Welt [od.: dieses Zeitalters]“ bezeichnet hat (2Kor 4,4).

Diese tragischen Konsequenzen zeigen, wie sehr Satan den Menschen getäuscht hatte, welcher Lüge der Mensch aufgesessen war (Joh 8,44). Der Mensch wurde durch seine Rebellion gegen Gottes Autorität nicht frei, sondern ein Sklave seiner Sündennatur (Röm 6,6.16-23), des Todes (Röm 5,12; Hebr 9,27) und der ein Leben lang andauernden Todesfurcht (Hebr 2,15). Anstatt sein eigener Herr zu sein, unterstand der Mensch wieder einem König. Sein ursprünglicher Herrscher war liebevoll und wohlwollend gewesen und hatte ihm im Austausch für seinen bereitwilligen Gehorsam Leben, Frieden, Glück und Erfüllung verheißen. Sein neuer König dagegen war ein harter, egoistischer Zuchtmeister, der dem Menschen Tod, Krankheit, Streit, Trauer und Enttäuschung als Gegenleistung für seine Dienste bot. Anstatt sich durch seine Rebellion gegen Gott zu verbessern, hatte der Mensch sich um die Verwirklichung seines ursprünglichen Potentials gebracht. Er hatte sich selbst erniedrigt und einen Großteil der ihm zugedachten Würde verloren (Röm 1,18-32).

Durch seine Rebellion brachte der Mensch sich in eine so missliche Lage, dass er sich selbst nicht mehr daraus befreien konnte. Wie oft sollte es passieren, dass eine geniale Erfindung oder ein raffinierter Plan, mit dem er sein Schicksal verbessern wollte, nach hinten losging und neue Probleme verursachte, an die vorher keiner gedacht hatte. Nur ein übernatürliches, göttliches Eingreifen konnte die Menschheit aus der Lage retten, in die sie sich selbst gebracht hatte (Jes 43,11).

Mit dem Fall des Menschen war die personelle Ausstattung von Satans Reich abgeschlossen. Es war ihm gelungen, viele von Gottes Engeln und alle Menschen auf seine Seite zu ziehen. Im Zuge dessen hatte er auch noch das Weltsystem seiner Herrschaft unterworfen. Seine Rebellion gegen Gottes souveräne Herrschaft schien also zumindest anfänglich von Erfolg gekrönt.

**Der Zweck der Geschichte**

Jetzt gab es zwei einander feindselig gegenüberstehende Reiche. Das Reich Satans hatte das Reich Gottes angegriffen und wollte es zerstören. Wollte Gott der souveräne Herrscher bleiben, musste er Satan und sein Reich vernichten. Damit war alles bereit für einen gigantischen Konflikt – einen Konflikt, der seit Jahrtausenden andauert und im Himmel sowie auf der Erde ausgetragen wird (Offb 12,7.13.17; Eph 6,10-12). Da die Bibel Gottes schriftliche Offenbarung für den *Menschen* ist, beschäftigt sie sich hauptsächlich mit der irdischen Front des Konflikts.

Dieser Konflikt ist der Schlüssel zum Verständnis des endgültigen Zweckes der Geschichte. Sowohl Gott als auch Satan verfolgen nämlich ein bestimmtes Ziel durch die Geschichte, aber da Gott Gott und Satan nur ein Geschöpf ist, ist Gottes Ziel das endgültige. Satan verfolgt die Absicht, sich zum alleinigen, souveränen Herrscher über das Universum aufzuschwingen, indem er sein Königreich als das einzig dauerhafte in den Himmeln, auf der Erde und in allem, was darinnen ist, aufrichtet. Als er sein Reich gründete, war es nicht dauerhaft bzw. immerwährend und konnte dazu auch nur werden, wenn es ihm gelingen sollte, Gott und sein Reich zu vernichten. Das will er erreichen, seit er gegen Gott rebellierte, und er wird es fast bis ans Ende der Geschichte der gegenwärtigen Welt weiter versuchen.

Gott verfolgt das Ziel, sich selbst zu verherrlichen, indem er zeigt, dass nur er allein souveräner Herr über das Universum ist. Da Gottes Ziel für die Geschichte das endgültige ist, kann man folgerichtig sagen, dass *der endgültige Zweck der Geschichte darin besteht, dass Gott sich selbst verherrlicht, indem er seine Souveränität unter Beweis stellt.*

Um dies zu tun, muss er auf der Erde die ursprünglichen Bedingungen in ihrer wesentlichen Form so wieder herstellen, wie sie vor der Rebellion des Menschen waren. Die Propheten des Alten Testaments erhielten Offenbarungen, dass er genau das tun würde (Apg 3,21). Es ist wichtig festzuhalten, dass diese Wiederherstellung auf der jetzigen Erde stattfinden muss und nicht auf der neuen Erde, die Gott für die

Ewigkeit schaffen wird (Offb 21,1). Wenn Gott es zuließe, dass die jetzige Erde am Ende der Geschichte vergeht, ohne dass sie vorher in ihren Ursprungszustand zurückversetzt wurde, würde das so aussehen, als sei er nicht dazu in der Lage, die Verwüstungen zu heilen, die Satan und sein Reich angerichtet haben, und es gäbe keinen Beweis für die göttliche Souveränität während der Geschichte.

Damit die Erde wieder hergestellt werden kann, muss Gott im Laufe der Geschichte die tragischen Konsequenzen der menschlichen Rebellion eine nach der anderen aufheben.

Erstens muss der Mensch wieder geistlich lebendig werden. Das beinhaltet, dass er ihm eine neue, liebende und gehorsame Grundhaltung Gott gegenüber verleiht und dass der innewohnende heilige Geist die jeweilige Person in Übereinstimmung mit Gottes Willen leitet.

Zweitens muss Gott den körperlichen Tod vernichten. Dazu gehören das Ende bzw. eine Umkehrung der körperlichen Verfallsprozesse, die Vernichtung von Krankheiten und Missbildungen, die Beendigung von Gefährdungen aller Art, von Unfällen und Gewalt sowie die Auferstehung der Toten.

Drittens muss Gott dafür sorgen, dass der Mensch die jetzige Erde so regiert, wie er es ursprünglich beabsichtigt hatte. Dazu müssen die entsprechenden Fähigkeiten im Menschen teils wieder hergestellt, teils in ihren vormals unverdorbenen Zustand zurückversetzt werden. Außerdem müssen die Zerstörung und die missbräuchliche Nutzung der Erde enden.

Viertens muss Gott die vollkommenen Bedingungen von vor dem Sündenfall wieder herstellen. Dazu gehört, dass die Erde wieder so fruchtbar wird wie am Anfang, dass die Tiere wieder zu zahmen Pflanzenfressern werden und dass Nichtigkeit und Vergänglichkeit, der die gesamte Schöpfung seit dem Fall unterworfen ist, weggenommen werden.

Fünftens muss Gott die Menschen aus dem Reich Satans in sein eigenes Reich zurückholen, indem er bei ihnen eine neue, geistliche Geburt verursacht.

Sechstens muss Gott seinen Feind Satan vernichten, die Erde von ihm und seinem Reich befreien und dann sein theokratisches Reich erneut auf der gegenwärtigen Erde aufrichten. Das heißt, dass Gott sein Ziel der Geschichte ohne das zukünftige Tausendjährige Reich nicht erreichen kann. Wenn diese tausendjährige Wiederherstellung von Gottes Theokratie nicht stattfindet, bevor die Geschichte der heutigen Erde endet, wird Gott seinem Feind Satan unterlegen sein, was den Verlauf der irdischen Geschichte angeht.

Man könnte diese Umkehrung der Folgen des Sündenfalls als Gottes Erlösungsplan bezeichnen.

**Die erste Verheißung des kommenden Erlösers**

Angesichts der Tatsache, dass Gott Satan und sein Reich vernichten musste, um seine göttliche Souveränität unter Beweis zu stellen, ist es höchst interessant, dass er Satans Untergang voraussagte (1Mo 3,14-15), kaum dass dieser die Welt als Teil seines Reiches an sich gerissen hatte. In dieser Prophezeiung spricht er ihn in der Gestalt an, die er bei der Versuchung des Menschen so hinterlistig angenommen hatte. Gott warnte Satan, dass ihm schließlich ein Mann, der von einer Jungfrau geboren werden würde, den entscheidenden Schlag versetzen würde. Später wird in der Schrift offenbart, dass dies Gottes erste Verheißung des kommenden Erlösers war, der in diese Welt geboren werden und für die Zerstörung von Satans Reich und seinen Werken sorgen würde. Anders ausgedrückt war der Erlöser Gottes Gegenrevolutionär, der den Sieg über den großen Revolutionär ermöglichen würde. Somit war der Erlöser der Schlüssel für die Umsetzung der Ziele Gottes innerhalb der Menschheitsgeschichte.

Damit Gott die Folgen der menschlichen Sünde wieder aufheben konnte, musste er das wegnehmen, was diese Folgen hervorgerufen hatte, das heißt er musste die menschliche Sünde beseitigen. Später wird dann in der Schrift offenbart, dass Sünde nur weggenommen werden kann, wenn die göttliche Gerechtigkeit durch eine angemessene Strafe befriedigt wird. Es wird auch offenbart, dass nur der Tod die angemessene Strafe sein kann (Röm 5,12; 6,23). Deshalb sagt die Prophetie in 1. Mose 3,15 auch voraus, dass der Erlöser Satan zwar zermalmen, er selbst aber gleichzeitig von Satan verletzt werden würde. Damit drückte Gott aus, dass der verheißene Erlöser als Folge von Satans Machenschaften getötet werden würde, um dadurch Satan zu besiegen. Später wird in der Schrift offenbart, dass der Erlöser durch seinen Tod die Strafe für die Sünde der Menschen bezahlen würde (Jes 53,4-6; 10-12; Joh 1,29), so dass die Sünde weggenommen würde und Gott die Folgen der menschlichen Rebellion aufheben kann.

## Die Strategie des Konflikts

1. Mose 3,15 macht klar, dass der Erlöser das Herzstück von Gottes Strategie im Kampf gegen Satan bilden soll. Andererseits würde der Erlöser nicht der Einzige sein, der dem Reich Gottes in diesem Kampf dient. Auch die heiligen, auserwählten Engel würden gegen die Streitmacht Satans kämpfen (Dan 10,20; Offb 12,7). Durch das Werk des Erlösers würde Gott Menschen aus Satans Reich retten und sie zu Bürgern seines eigenen Reiches machen (Gal 1,4; Kol 1,13). Diese erlösten Menschen würden für den Rest ihres Lebens in der Welt bleiben und als Vertreter von Gottes Reich im von Satan dominierten Weltsystem tätig sein. Zwar würden sie in Satans Weltsystem leben, würden ihm aber nicht angehören (Joh 17,14-18), sondern würden Fremdlinge und Pilger sein, während ihr Bürgerrecht im Himmel läge (Eph 2,19; Phil 3,20; Hebr 11,13; 1Petr 1,17).

Manchmal würde Gott auch Nationen und sogar unerlöste Menschen für seine Ziele gebrauchen (Jes 10,5-6; 44,28-45,5; Jer 25,9). Obwohl Gottes Reich also eine gewisse Zeit lang nicht in seiner weltweiten theokratischen Form existieren würde, würde es doch zu allen Zeiten der Geschichte in der Welt vertreten sein und handeln. Durch diese Weiterexistenz von Gottes allumfassendem Königreich im von Satan dominierten Weltsystem erklärt sich auch, warum es neben dem Bösen auch immer noch Gutes in dieser Welt gibt (Mt 13,24-30.36-43).

Weil die Ankunft und das Werk des Erlösers der Schlüssel zu Gottes Strategie sein würden, würde Satans Strategie auf die Verhinderung dieser Ereignisse ausgerichtet sein. Außerdem würde Satan gegen die heiligen Engel und die erlösten Menschen kämpfen, die Gottes Reich in der Welt vertreten (Dan 10,13.20-21; Eph 6,11.16). Er würde die gefallenen Engel, die menschlichen Mitglieder seines Reiches, Nationen und in manchen Fällen sogar Menschen aus Gottes Reich für seine Zwecke benutzen (Hi 1,9-15.17; Dan 10,13.20-21; Mt 16,21-23; Lk 22,3; Apg 5,1-3; Eph 6,12; 2Thes 2,9).

Ein sorgfältiges Studium der Schrift zeigt, dass Satan eine Mischung aus zwei Angriffsstrategien plante: (1) er versuchte, die Bürger von Gottes Reich zu vernichten; (2) er versuchte, das Zeugnis von Gottes Reich durch Abfall im Glauben oder bei den Werken zu verfälschen. Beide Taktiken werden im Verlauf des dramatischen Konflikts immer wieder zu beobachten sein.

# 2

# Der Konflikt von der ersten Geburt eines Menschen bis zur Wüstenwanderung

## Die erste Geburt und der erste Mord

Im Garten Eden hörte Satan Gottes erste Verheißung des kommenden Erlösers. Ihm wurde klar, dass die Ankunft des Erlösers für ihn und seine Sache das Ende bedeuten würde. Deshalb bestand Satans Hauptziel durch die gesamte alttestamentliche Geschichte hindurch darin, das Kommen des Erlösers zu verhindern.

Einige Zeit, nachdem Adam und Eva Kain und Abel bekommen hatten, zeigte sich, dass der eine Sohn gottesfürchtig und der andere gottlos war. Offensichtlich war Satan durch Abels gottesfürchtiges Wesen davon überzeugt, dass Abel entweder der Erlöser oder ein Vorfahre des Erlösers sei. Aus Satans Sicht war es zwingend erforderlich, Abel loszuwerden, und weil Kain sowieso schon von seinem rebellischen, zornigen Temperament beherrscht wurde, war es nicht allzu schwierig, ihn zum Mord an seinem Bruder zu bewegen (1Mo 4,1-8).

Dass Satan tatsächlich an Kains Brudermord beteiligt war, wird in 1. Johannes 3,10-12 gezeigt, und Jesus sagte genau deswegen über den Teufel, dass er „ein Menschenmörder von Anfang an" war (Joh 8,44). So wurde der erste Mord der Geschichte begangen, weil Satan das Kommen des Erlösers verhindern wollte.

## Der Abfall der menschlichen Rasse

Gottes Gegenmaßnahme in seinem Kampf mit Satan bestand darin, dass er Adam und Eva einen anderen gottesfürchtigen Sohn namens Set gab (1Mo 4,25). Da dieser Name „Ersatz" bedeutet, ist offensichtlich, dass Gott Set als Ersatz für Abel ansah.[3] Die Geschlechtsregister in 1. Mose 5, 1. Mose 11,10-32 und Lukas 3,23-38 zeigen, dass Gott vorhatte, dass der Erlöser durch Sets Abstammungslinie kommt. Satan sah, dass Gott für jeden gottesfürchtigen Sohn, den er vernichtete, einen anderen aufrichten konnte, der dessen Platz einnahm. Deswegen änderte er seine Taktik und beschloss, die gesamte Menschheit einschließlich Sets Nachfahren zu verderben. Sein Angriff begann damit, dass er durch Kain eine gottlose Abstammungslinie entstehen ließ. Kain und seine Nachfahren errangen in einer gottlosen Gesellschaftsordnung, die von Polygamie und Gewalt geprägt war, große kulturelle und zivilisatorische Fortschritte (1Mo 4,16-24).

Im Laufe der Zeit, als Sets gottesfürchtige Abstammungslinie mit Kains gottlosen Nachfahren in Berührung kam, kam es auch dort zum Abfall von Gott. Zusätzlich entstand durch gefallene Engel („die Söhne Gottes") eine böse „Engelrasse" innerhalb der Menschheit, als sie menschliche Frauen heirateten und außergewöhnliche Kinder zeugten (1Mo 6,1-4; 2Petr 2,4; Jud 6-7). Infolge dieser Entwicklungen entartete die Menschheit so stark, dass sie die Erde mit Gewalt und Verderben erfüllte (1Mo 6,11.13). Als Gott sich das alles anschaute, sah er, „dass die Bosheit des Menschen auf der Erde groß war und alles Sinnen der Gedanken seines Herzens nur böse den ganzen Tag" (1Mo 6,5). Darüber war er so bekümmert, dass er ankündigte, den Menschen von der Fläche des Erdbodens auszulöschen (1Mo 6,6-7).

## Die Sintflut

Zwar hatte Satan erfolgreich den größten Teil der menschlichen Rasse verdorben, aber eben nicht die ganze. Wieder ergriff Gott Gegenmaßnahmen und bewahrte einen Gerechten, einen Nachfahren Sets (1Mo 5,6-29; 6,9). Der Name dieses Mannes war Noah. Obwohl der Druck auf ihn enorm war, hielt er stand und ließ sich von der verdorbenen Einstellung und dem Verhalten seiner Zeitgenossen nicht beeinflussen. Er war ein Mann Gottes. Nur ein Einziger, aber mehr als er und seine Familie war nicht nötig, um Sets gottesfürchtige Linie, durch die der Erlöser kommen sollte, fortzusetzen.

Gott war fest entschlossen, die abgefallene Menschheit zu vernichten, und zwar nicht nur, weil er Gericht halten wollte, sondern auch, um den Abfall zu stoppen, bevor er sich auch noch auf Noahs Nachkommen übertrug. Er benutzte die Vernichtung der übrigen Menschheit, um die Abstammungslinie des Erlösers zu erhalten und einen Sieg Satans zu verhindern.

Gott wies Noah an, eine riesige Arche zu bauen, in der er, seine Familie und Vertreter jeder Art von Vögeln und Landtieren der angekündigten Zerstörung entkommen konnten (1Mo 6,8-7,16). Sobald sich alle sicher in der Arche befanden, bedeckte Gott in einer katastrophalen Flut die ganze Erde mit Wasser (1Mo 7,10-12), so dass alle Menschen und alle Landtiere starben, die sich nicht in der Arche befanden (1Mo 7,21-23). Das war Gottes Reaktion auf Satans Schachzug, die gesamte menschliche Rasse so tiefgreifend zu verderben, dass der Erlöser durch sie nicht mehr kommen konnte.

## Neubeginn und neuer Abfall

Durch die Sintflut wurden alle menschlichen Mitglieder von Satans Reich vernichtet, wodurch die Menschheit die Chance zu einem Neuanfang mit Gott bekam. Nach dem Ende der Flut stand Noah seiner Familie bei der Anbetung Gottes vor (1Mo 8,20). Weil die Verdorbenheit der menschlichen Rasse vor der Flut auf die Existenz und den fortdauernden Einfluss eines Menschenmörders zurückging, führte

Gott nun die Todesstrafe ein, um damit das erneute Aufkommen einer solchen Verdorbenheit nach der Flut zu verhindern (1Mo 9,5-6). Dazu gehörte die Einsetzung einer menschlichen Regierung, weil nur so die Strafe durchgesetzt werden konnte. Todesstrafe und menschliche Regierung wurden von Gott also als äußerliche Einschränkung der menschlichen Neigung zur Abkehr vom Guten eingeführt. Ihr Zweck besteht darin, Satans Wirken in der Welt zu erschweren. Aus diesem Grund schrieb Paulus in Römer 13,1-6:

> *Jede Seele unterwerfe sich den übergeordneten staatlichen Mächten! Denn es ist keine staatliche Macht außer von Gott, und die bestehenden sind von Gott verordnet. Wer sich daher der staatlichen Macht widersetzt, widersteht der Anordnung Gottes; die aber widerstehen, werden ein Urteil empfangen. Denn die Regenten sind nicht ein Schrecken für das gute Werk, sondern für das böse. Willst du dich aber vor der staatlichen Macht nicht fürchten, so tue das Gute, und du wirst Lob von ihr haben; denn sie ist Gottes Dienerin, dir zum Guten. Wenn du aber das Böse tust, so fürchte dich! Denn sie trägt das Schwert nicht umsonst, denn sie ist Gottes Dienerin, eine Rächerin zur Strafe für den, der Böses tut. Darum ist es notwendig, untertan zu sein, nicht allein der Strafe wegen, sondern auch des Gewissens wegen. Denn deshalb entrichtet ihr auch Steuern; denn es sind Gottes Diener, die eben hierzu fortwährend beschäftigt sind.*

Gott schloss einen Bund mit Noah, seinen Nachkommen und allen Tieren, dass er nie wieder alles Fleisch in einer Flut vernichten würde. Als Zeichen für diesen Bund wurde der Regenbogen gegeben (1Mo 9,8-17).

Noah verkündete eine Prophetie über seine Nachkommen (1Mo 9,25-27) und sagte voraus, dass Gott die Linie über seinen Sohn Sem segnen würde (1Mo 9,26). Später zeigten dann weitere Offenbarungen, dass der Erlöser durch Sems Abstammungslinie kommen würde (1Mo 11,10-12,3).

Satan wollte die gesamte Menschheit einschließlich der über Sem verlaufenden Linie, aus der der Erlöser kommen sollte, erneut zum Abfall verführen. Gott hatte Noah und seinen Nachfahren befohlen, die Erde zu füllen (1Mo 9,1). Die Menschheit sollte sich „nicht in einigen wenigen Zentren sammeln", sondern „sich ausbreiten, so dass es auf der Erde" keine „unbewohnten und landwirtschaftlich nicht genutzten Gebiete"[4] geben würde. Dagegen wollte Satan, dass alle Menschen in einem begrenzten Gebiet zusammen bleiben. Die Gründe dafür liegen auf der Hand: Erstens ist es viel schwieriger, eine große Zahl Menschen zu kontrollieren, wenn sie über ein weites Gebiet zerstreut ist. Zweitens verbreitet sich der Abfall von Gott viel schneller und einfacher, wenn Menschen regelmäßig engen Kontakt miteinander haben.

Damit Menschen zusammengehalten werden, brauchen sie ein Symbol für ihre Einheit oder ein gemeinsames Ziel, auf das sie hinarbeiten können. Satan gab Noahs Nachkommen beides, als er ihnen einflüsterte, auf der Ebene im Land Schinar, wo sie nach der Sintflut hingezogen waren, eine große Stadt und einen Turm zu bauen (1Mo 11,1-4). Sie konnten ein solch gewaltiges Vorhaben planen, weil die ganze Menschheit eine Sprache hatte.

Gott vereitelte diesen ersten Schritt zum erneuten Abfall, indem er dafür sorgte, dass die Menschen verschiedene Sprachen sprechen (1Mo 11,5-7). Zum ersten Mal in der Geschichte der Menschheit gab es damit mehr als eine Sprache. Infolge dieser Sprachverwirrung wurde der Bau der Stadt beendet, und die Menschen zerstreuten sich über die Erde (1Mo 11,8-9). Diejenigen, die eine gemeinsame Sprache hatten, trennten sich von denen, die eine andere sprachen. Sie zogen in verschiedenen Richtungen weg von Babel und begannen auf der Basis der gemeinsamen Sprache mit der Gründung von Nationen, so dass es das erste Mal in der Geschichte zur Bildung verschiedener Völker kam (1Mo 10,5.20.31-32). Die Entstehung verschiedener Sprachen und Nationen war also ein Resultat des Krieges zwischen dem Reich Gottes und Satans Reich. In 1. Mose 11 findet sich eine Übersicht der geographischen Verteilung der Menschheit nach der Sprachverwirrung.[5]

Zweifellos wurde die Ausbreitung des Abfalls von Gott durch die Zerstreuung von Noahs Nachkommen verlangsamt, allerdings nicht völlig beendet. Satan war fest entschlossen, die Herzen der gesamten Menschheit von Gott abzuwenden. Im Laufe der Zeit unterdrückten Noahs Nachfahren die Wahrheit über Gott immer mehr. Sie lehrten den nachfolgenden Generationen nichts mehr über ihn und verwarfen die Wahrheiten, die in der Natur über Gott offenbart werden. Dabei rühmten sie sich ihrer Weisheit, weil es durch ihre Verleugnung von Gottes Wahrheit schien, dass der Mensch von jeder höheren Macht unabhängig ist. Dieser bewusste Abfall von Gott hatte zwei tragische Konsequenzen:

Erstens erfand der Mensch als Ersatz für die Anbetung des wahren Gottes eine große Zahl götzendienerischer Religionen.

Zweitens versank der Mensch mehr und mehr in moralischer Perversion. Schändliche Begierden wurden ungezügelt ausgelebt, die Zurschaustellung schlimmster Auswüchse der menschlichen Verdorbenheit wurde mit Beifall begrüßt (Röm 1,18-32). So waren Abgötterei und eine immer größer werdende moralische Verkommenheit die Folge von Satans Kampf gegen das Reich Gottes.

## Der Bund mit Abraham

Nach der Entstehung der Nationen offenbarte Gott, dass er mit Israel eine neue Nation gründen wollte, die in seiner Auseinandersetzung mit Satan und seinem Reich eine Schlüsselrolle spielen würde. Diese Offenbarung geschah durch einen Bund, den Gott mit einem Mann schloss, dessen Name schließlich von Abram zu Abraham geändert wurde. Abraham war ein Nachkomme Sems (1Mo 11,10-30). Obwohl Satan die Menschheit erneut verdorben hatte, hatte Gott wieder einen Menschen, der ihm gehorsam war (Hebr 11,8).

Eine Folge von Gottes Bund mit Abraham war, dass Abraham nach Kanaan zog (1Mo 12,1-7). Der Bundesschluss enthielt drei Arten von Verheißungen für Abraham: eine persönliche, eine nationale und eine universale. Die nationale Verheißung besagte, dass Gott Abraham zu einem großen Volk machen würde (1Mo 12,2). Die universale Verheißung versprach, dass in Abraham alle Geschlechter auf Erden gesegnet werden würden (1Mo 12,3). Dadurch verhieß Gott indirekt, dass der Erlöser, dessen Erlösungstat ein Segen für die gesamte Menschheit sein würde, ein Nachkomme Abrahams sein würde (Mt 1,1; Lk 3,23-24).[6] So wurde die Abstammung des Erlösers auf Abraham und seine Nachfahren – das heißt das Volk Israel – begrenzt.

## Der Aufenthalt in Ägypten

Einige Generationen später zogen Abrahams Nachkommen nach Ägypten (1Mo 46,1-7). Während ihres mehrere Jahrhunderte dauernden Aufenthalts segnete Gott sie reichlich (2Mo 1,1-7). Für Satan konnte es jetzt keinen Zweifel mehr daran geben, dass Israel Gottes auserwähltes Volk war und dass Gott den Erlöser durch Israel schicken und so sein Ziel der Geschichte verwirklichen wollte. Satan wurde klar, dass er Israel zerstören musste, wenn er das Reich besiegen wollte. In Ägypten begann er mit einer Reihe von Angriffen auf Israel, die sich durch die Geschichte bis heute fortsetzt. So wurde Satan zum Erfinder des Antisemitismus. Auch der Antisemitismus ist also eine Folge seines Kampfes gegen das Reich Gottes.

Bei seinem ersten Versuch, Israel auszulöschen, benutzte Satan den Eigensinn von Pharao, dem ägyptischen Herrscher. Dieser dachte sich einen teuflischen Plan aus, um Israel systematisch zu vernichten (2Mo 1,8-22). C. H. Mackintosh schrieb über ihn: „Wie wenig kennt er seinen wirklichen Zustand und Charakter! Er ist nur ein Werkzeug in der Hand Satans, von ihm benutzt, um den Absichten Gottes entgegenzuwirken.“[7]

Gott durchkreuzte diesen satanischen Plan, indem er Mose berief, der Israel aus Ägypten nach Kanaan führte, und indem er zehn Plagen über Ägypten kommen ließ, um den Willen des Pharaos zu brechen (2Mo 2,1-12,28).

## Der Auszug aus Ägypten

Nach der zehnten Plage war Pharaos Halsstarrigkeit so weit gebrochen, dass er und sein Volk die Israeliten zum Verlassen Ägyptens drängten (2Mo 12,29-51). Damit begann der Auszug Israels aus Ägypten, eines der wichtigsten Ereignisse in der Geschichte Israels zur Zeit des Alten Testaments.

Israels Ziel war das Land Kanaan, und um dorthin zu gelangen, schlug das Volk den Weg in Richtung der wüstenartig öden Sinaihalbinsel ein. Unterwegs boten sich Satan immer wieder Gelegenheiten, die Israeliten auf die eine oder andere Art anzugreifen, das erste Mal direkt zu Beginn des Auszugs. Pharao änderte seine Meinung, er wollte Israel jetzt nicht mehr einfach so ziehen lassen und verfolgte das Volk mit Streitwagen und Soldaten (2Mo 14,1-9). Es schien, als säße Israel zwischen dem heranrückenden Heer und dem Roten Meer (Schilfmeer?) in der Falle (2Mo 14,10-14), aber Gott griff ein und teilte die Wasser des Roten Meeres, so dass das Volk Israel trockenen Fußes hindurchgehen konnte. Als Pharaos Streitwagen die Verfolgung aufnahmen, erlaubte Gott dem geteilten Wasser, sich wieder zu schließen, wodurch Ägyptens Streitwagenheer auf einen Schlag vernichtet wurde (2Mo 14,21-31).

Der Konflikt um Israel ging weiter: Satan versuchte, die Israeliten durch Wassermangel zu vernichten und verschärfte die Situation noch dadurch, dass das Wasser, auf das sie schließlich stießen, nicht trinkbar war. Gott reagierte auf diese Bedrohung, indem er Mose zeigte, wie er das Wasser trinkbar machen konnte (2Mo 15,22-26). Dann baute Satan durch Nahrungsknappheit eine neue Drohkulisse auf, aber Gott versorgte das Volk mit Wachteln und täglichen Rationen an Manna, einem einzigartigen Lebensmittel (2Mo 16). Satan griff ein zweites Mal mit Wassermangel an, aber Gott ließ Wasser aus einem Felsen kommen (2Mo 17,1-7). Daraufhin versuchte es Satan mit einem Angriff durch die Amalekiter, aber Gott schenkte Israel den Sieg, solange Mose betete (2Mo 17,8-16).

## Der mosaische Bund

Im dritten Monat nach dem Aufbruch aus Ägypten lagerte sich Israel in der Wüste gegenüber dem Berg Sinai (2Mo 19,1-2). Dort schloss Gott durch Mose einen Bund mit dem Volk. Die Verbindung zwischen Gott und Israel war damit offiziell besiegelt (2Mo 19,3-8). Manchmal spricht man diesbezüglich vom mosaischen Bund, gängiger ist aber die Bezeichnung „das Gesetz" (2Mo 20,1-23,19).

Weil Israel das Volk war, durch das der Erlöser kommen würde, musste die Nation unbedingt vom Abfall und der ausschweifenden Lebensweise anderer Völker frei bleiben, und um dies zu gewährleisten, stellte Gott Israel unter das Gesetz. Das Gesetz sollte als äußerliche Hemmung sündiger, gottloser Tendenzen dienen, bis der Erlöser kam (Gal 3,15-4,5). Damit diese Funktion erfüllt wurde, forderte das Gesetz die umgehend zu vollziehende Todesstrafe bei Götzendienst oder dem bewussten Brechen bestimmter Gebote (2Mo 21,12-17; 22,17-19). Die Ankunft des Erlösers war für die Menschheit insgesamt wichtiger als das Leben eines einzelnen Rebellen oder Gesetzesbrechers.

Es war also keineswegs gleichgültig, ob Israel das Gesetz hielt oder nicht. Um Israel diese Tatsache deutlich zu machen, warnte Gott das Volk, dass die Einhaltung bzw. Nichteinhaltung des Bundes den weiteren Verlauf seiner Geschichte bestimmte. Solange sie ihrem Bundesversprechen treu waren, würde Gott sie mehr als alle anderen Nationen segnen und vor Schaden bewahren (3Mo 26,3-13; 5Mo 28,1-14). Andererseits würde Gott dem Volk seine schützende Gegenwart entziehen und es mit der Unterwerfung unter fremde Völker, Verödung des Landes und Zerstreuung unter heidnische Nationen züchtigen, sollte es den Bund brechen (3Mo 26,14-39; 5Mo 28,15-68). Allerdings versprach Gott auch, dass er einen Überrest des Volkes bewahren würde, der über die Abtrünnigkeit von Gott Buße tun würde (3Mo 26,40-46). Das Volk würde also niemals vollständig ausgelöscht werden.

## Erneuter Abfall

Während Mose auf dem Berg Sinai mit Gott sprach, griff Satan das Volk erneut an. Gott hatte den Israeliten im Gesetz verboten, ein Bild von ihm oder irgendwelchen anderen Göttern zu machen und anzubeten. Satan wusste also, dass jegliche Form von Götzendienst Gottes Zorn über Israel bringen würde. Deswegen veranlasste er das Volk durch seine Einflüsterungen, von Aaron die Herstellung eines Bildes zu verlangen, das es anbeten konnte. Aaron erfüllte diesen Wunsch, und das Volk gab seinen götzendienerischen und immoralischen Neigungen nach (2Mo 32,1-6). Gott beendete diese Episode mit der Bestrafung derjenigen – und nur derjenigen –, die sich an den gottlosen Handlungen beteiligt hatten (2Mo 32,7-35).

## Stiftshütte und Opfer

Weil Israel eine ganz besondere Beziehung zu Gott hatte, musste es unbedingt einen Ort der Anbetung haben, während er einen Ort brauchte, wo er in einem speziellen Sinn unter dem Volk wohnen konnte. Aus diesem Grund offenbarte Gott Mose den Bauplan für einen tragbaren Anbetungs- und Wohnort, der als Stiftshütte bezeichnet wird (2Mo 25-31). Als der Bau der Stiftshütte beendet war, wurde sie als Zeichen für Gottes schützende Gegenwart in Israel von seiner Herrlichkeit erfüllt (2Mo 40,43-38). Außerdem gab Gott Israel einen Plan für ein System von Opfern, die in der Stiftshütte dargebracht werden sollten (3Mo 1-7), eine Priesterschaft, die für das Darbringen der Opfer zu sorgen hatte (3Mo 8-10), sowie Verordnungen für die rechte Anbetung (3Mo 11-25). Zwar konnten die Opfer die Sünden der Menschen nicht wegnehmen (Hebr 10,4), aber sie hatten trotzdem ihren Wert: durch sie lernten die Israeliten, dass ein stellvertretendes, blutiges Opfer der einzige Weg ist, wie ein sündiger Mensch seine Beziehung zu einem heiligen Gott wieder herstellen kann.[8] Des Weiteren boten sie bei der Übertretung bestimmter Teile des Gesetzes Rettung vor Gottes zeitlichem Gericht. Symbolisch wiesen sie auf das eine Blutopfer hin, in welchem sich der kommende Erlöser selbst darbringen und durch das die Sünde für immer vollständig weggenommen werden würde (Hebr 10,1.10-14).

## Das Versagen in Kadesch-Barnea und die Wüstenwanderung

Als Israel in Kadesch-Barnea an der Grenze Kanaans ankam, griff Satan erneut an. Er benutzte menschliche Furcht, um Unglauben hervorzurufen, vielleicht in der Hoffnung, dass dadurch Gottes Zorn erregt würde und er das Volk vernichtete. Trotz Gottes Verheißung, dass er ihnen den Sieg über die Völkerschaften Kanaans geben würde (2Mo 23,20-31), wurden die Israeliten von panischem Schrecken erfasst, als ihre Kundschafter berichteten, dass die Kanaaniter zahlreicher waren als sie selbst (4Mo 13,25-33). In ihrem Unglauben unterstellten sie Gott böse Absichten und wollten nach Ägypten zurückkehren (4Mo 14,1-10). Gott reagierte auf diesen Unglauben, indem er dem Volk befahl, sich zurück zur Wüste zu wenden und dort vierzig Jahre lang umherzuziehen, bis alle, die zwanzig oder älter waren, gestorben wären. Die ältere Generation würde Kanaan nicht betreten (4Mo 14,11-35).

Während der Jahre der Wanderschaft wurde Israel immer wieder von Satan angegriffen. Dabei benutzte er Unzufriedenheit, Langeweile, Wassermangel und andere Völker als Werkzeug, was dazu führte, dass die Israeliten sich gegen ihre Führer auflehnten (4Mo 16) und Gott Vorwürfe machten (4Mo 20,2-13; 21,4-9). Satan prüfte Gottes Geduld in der Hoffnung, dass Gott das Volk ausrotten würde, durch das der Erlöser kommen sollte. Gott richtete Israel jedes Mal, aber er vernichtete es nicht. Satan war also gescheitert, und so sandte er Kanaaniter und Amoriter gegen das Volk, um es auf diese Art zu vernichten (4Mo 21,1-3.21-35). Gott machte auch diesen Versuch zunichte und schenkte Israel militärische Siege. Als das Volk in die Ebenen Moabs kam, griff Satan wieder ein. Balak, der König Moabs, beauftragte den Propheten Bileam, Israel zu verfluchen, damit die Moabiter es vernichten konnten, aber Gott brachte ihn stattdessen dazu, Israel zu segnen (4Mo 22-24).

Satan hatte aber trotzdem noch Verwendung für Bileam, der einen teuflischen Plan ausheckte, um Israel doch noch zu vernichten. Er riet Balak, midianitische und moabitische Frauen zu benutzen, um die Israeliten zu Unzucht und Götzendienst zu verführen (4Mo 31,16). Der Rat war gut, und damit es nicht zum Gericht über das ganze Volk kam, ordnete Gott an, die schuldigen Führer auf der Stelle zu hängen.[9] Als ein israelitischer Mann erneut eine heidnische Frau ins Lager brachte, brach eine Plage aus, die erst aufhörte, als der Priester Pinhas die beiden tötete (4Mo 25,4-8). So beendete Gott diesen erneuten Abfall durch Gericht.

Als die vierzigjährige Wüstenwanderung beinahe zu Ende war, bereitete Mose die neue Generation der Israeliten auf die Eroberung Kanaans vor (4Mo 26-36; 5Mo). Er forderte Israel auf, alle Kanaaniter auszurotten (4Mo 33,50-34,15). Diese götzendienerischen Völker waren inzwischen so sehr entartet, dass das Maß ihrer Übertretungen voll war und sie selbst reif für das Gericht. Sie mussten vernichtet werden, damit Satan sie nicht benutzen konnte, um Israel zu Abfall und Verirrungen zu verführen, die so schlimm waren, dass Israel vollständig ausgerottet würde (3Mo 18,24-28; 5Mo 12,31; 20,17-18). Mit anderen Worten, das Kommen des Erlösers war für das Wohlergehen der Menschheit wichtiger als das Überleben der moralisch verkommenen Völker Kanaans.

# 3

# Der Konflikt von der Eroberung Kanaans bis zum Fall Judas

## Die Eroberung und Aufteilung Kanaans

Als die Zeit gekommen war und Israel den Jordan überqueren und Kanaan erobern sollte, wurde Gottes Wirken für sein Volk wieder einmal deutlich. Erstens gab Ägypten die Vorherrschaft über Kanaan auf, obwohl es die Mittel hatte, seine Kontrolle aufrechtzuerhalten.[10] Zweitens hielt Gott auf wundersame Art die Wasser des Jordan an, so dass Israel das Land Kanaan trockenen Fußes erreichen konnte (Jos 3). Drittens erschien Gott Israels neuem Führer Josua in einzigartiger Form, gab ihm Anweisungen für die Einnahme des Landes und erinnerte ihn daran, dass der Sieg allein von Gott abhing (Jos 5,13-15).[11]

Als Gott Israel in Jericho den ersten großen Sieg schenkte (Jos 6), griff Satan an. Gott hatte den Israeliten befohlen, aus Jericho nichts für sich selbst zu behalten (Jos 6,17-19). Ein Mann war ungehorsam, und Israel wurde beim Angriff auf die Stadt Ai schmählich geschlagen.

Gott konterte diesen Schachzug Satans, indem er die Steinigung des Schuldigen und seiner Familie anordnete (Jos 7).

Satans nächster Angriff traf Israel unvorbereitet. Er wollte unbedingt einige der lasterhaften Kanaaniter vor der Vernichtung bewahren, damit Israel ihrer Verdorbenheit ausgesetzt wäre. Die Bewohner von Gibeon überlisteten Israel und gaben sich erfolgreich als Fremde aus. Ohne vorher Gott um Rat zu fragen, schloss Israel mit ihnen einen Bund, sie nicht zu vernichten, so dass diese Heiden inmitten Israels bleiben durften (Jos 9).

Gott schenkte Israel große Siege über die südlichen und nördlichen Zusammenschlüsse verbündeter kanaanitischer Stadtstaaten (Jos 10; 11,1-15). Zwar kontrollierten die Israeliten nun Kanaan, aber es gab immer noch von Kanaanitern bewohnte Regionen und Städte, und es lag in der Verantwortung der einzelnen Stämme, sie in dem ihnen zugeteilten Gebiet zu vernichten.[12]

Als Kanaan aufgeteilt wurde, gab Gott den Leviten überall im Land Städte. In diesen Zentren sollte die Unterweisung im Gesetz stattfinden (Jos 21,1-42). Auf diese Art wollte Gott das Volk des Erlösers vor Abfall bewahren.

Vor seinem Tod stellte Josua dem Volk die Konsequenzen vor Augen, die die Einhaltung bzw. Nichteinhaltung des Gesetzes haben würde, und er ermahnte die Israeliten, sich von den Heiden und ihrer Lebensweise fernzuhalten und Gott allein zu dienen (Jos 23-24). Beides war notwendig, damit Israel bestehen blieb und der Erlöser kommen konnte.

## Die Zeit der Richter

Nach Josuas Tod gab es keinen herausragenden, gottesfürchtigen Mann, der die Führung Israels übernehmen konnte, und das Volk hatte keine zentralisierte Regierung. Für Satan war dies der richtige Augenblick, um vehement anzugreifen, was zur Folge hatte, dass die israelische Geschichte 350 Jahre lang von Abfall und Anarchie geprägt war.[13] Das Volk brach Gottes Gesetz, und „jeder tat, was recht war in seinen Augen“ (Ri 21,25). Satan benutzte den Ungehorsam der Israeliten in drei Bereichen:

Erstens rottete das Volk entgegen Gottes Gebot nicht alle Kanaaniter aus (Ri 1,1-2,5).

Zweitens übernahmen sie die Anbetung Baals und der Astarot von den Kanaanitern (Ri 2,6-3,4).

Drittens kam es zu Eheschließungen zwischen Israeliten und Kanaanitern, das heißt zum offenen Ungehorsam gegen Gottes Gebote (Ri 3,5-6; 5Mo 7,1-5).

Ergebnis dieses Abfalls war die fast vollständige Abkehr von Gottes Maßstäben. Unehrlichkeit und Diebstähle waren an der Tagesordnung, die Moralvorstellungen wurden an die jeweilige Situation angepasst, Priester leiteten götzendienerische Anbetung, um damit finanzielle Vorteile zu erlangen und Ansehen zu gewinnen. Homosexualität war gang und gäbe, es kam zu sexueller Gewalt gegen Frauen, wobei der Tod des Opfers billigend in Kauf genommen wurde. Hinter all dem stand die feste Absicht, sexuelle Vergehen ungestraft zu lassen (Ri 17-20).

Während dieses Abschnitts der israelischen Geschichte kam es zu keinem Zeitpunkt zu einem allgemeinen Abfall des Volkes, aber immer wieder zu vereinzelt auftretenden Ausbrüchen in begrenzten Gebieten. Zweifellos hoffte Satan jedes Mal, dass sich der Abfall im ganzen Volk ausbreiten würde, aber Gott beendete ihn immer wieder, bevor er größere Ausmaße annehmen konnte. Jedes Mal, wenn eine erneute Bewegung weg von Gott entstand, richtete er eine ausländische Macht auf, die die Abtrünnigen so lange unterdrückte, bis sie Buße taten und zu ihm zurückkehrten. Gott nahm diese Buße an und erweckte einen israelischen Befreier, der die Unterdrücker zurückschlug. Dieser Kreislauf aus Abfall, Unterdrückung, Buße und Befreiung wiederholte sich in der Richterzeit immer wieder (Ri 3,7-16,31). Obwohl also Satans Reich wiederholt sein teuflisches Werk tat, bewahrte Gott das Volk, indem er eine allgemeine Ausbreitung des Abfalls verhinderte.

## Samuels Dienst

Damit Israels ständiges Abgleiten in den Abfall ein Ende nahm, erweckte Gott einen starken, gottesfürchtigen Führer für das ganze Volk. Der Name dieses Führers war Samuel (1Sam 1-3).

Samuels Dienst begann zu einer Zeit, als das Volk in einer tiefen Krise steckte. Die Philister hatten Israel geschlagen und die Bundeslade geraubt; auch der Hohepriester war gestorben. Die ganze Nation war in Aufruhr. Samuel brachte die Lage unter Kontrolle, indem er das Volk zusammenrief und die Menschen anwies, für ihren Abfall Buße zu tun, ihre falschen Götter wegzutun und zu Gott zurückzukehren. Das Volk gehorchte, und Gott befreite Israel von allen Unterdrückern, solange Samuel lebte (1Sam 4,1-7,14).

Als Samuel alt wurde, setzte er seine Söhne als Richter ein, aber sie waren bestechlich. Satan benutzte ihre Käuflichkeit, um Israel zu veranlassen, die Einsetzung eines Königs von Samuel zu verlangen. Israel wollte eine Monarchie mit einem menschlichen König anstatt einer Theokratie mit Gott als König. Samuel wandte sich gegen diese sündige Entscheidung und warnte das Volk, dass es sein Begehren nach einem menschlichen König noch bereuen würde, aber die Israeliten bestanden auf ihrem Wunsch (1Sam 7,15-8,22). Deshalb wies Gott Samuel an, Saul zum ersten König zu salben und dem Volk vorzustellen (1Sam 9-10).

Bevor Samuel seinen öffentlichen Dienst beendete, wies er Israel für seine Sünde zurecht und redete dem Volk ins Gewissen, Gott von ganzem Herzen zu dienen und zu fürchten, damit es nicht weggerafft würde (1Sam 12). Samuel war Gottes „Mann der Stunde" gewesen, der mithalf, an einem sehr gefährlichen Wendepunkt die Nation zu erhalten, aus der der Erlöser kommen sollte.

## Sauls Abfall

Satan verfolgte einen ganz bestimmten Plan, als er Israel den Wunsch nach einem König eingab. Solange es in Israel keine Zentralregierung gab, war es ihm unmöglich gewesen, das gesamte Volk auf einmal zum

Abfall zu bewegen. Jetzt hatte Israel einen König, und eine Zentralregierung würde gebildet werden. Dadurch bot sich eine viel bessere Gelegenheit, das ganze Volk auf einmal von Gott abzuwenden. Wenn der König untreu wurde, würde ihm die Nation mit Sicherheit darin folgen.

Satan begann seinen Angriff gleich beim ersten König. Nachdem Saul zwei Jahre lang regiert hatte, wurde er Gott ungehorsam und traf unbesonnene Entscheidungen (1Sam 13-15). Als Samuel ihn wegen seiner Taten zurechtwies, zeigte sich seine selbstgerechte Haltung in den Entschuldigungen, die er vorbrachte. Wegen seiner Sünden und der damit einhergehenden Einstellung wich der Geist des Herrn von Saul und kam auf David, den Samuel nach Gottes Anweisung als neuen König gesalbt hatte (1Sam 16,1-14).

Saul kam unter satanischen Einfluss (1Sam 16,14), und drei verhängnisvolle Charakterzüge traten immer deutlicher hervor: abnormale Ichbezogenheit, eine wahnwitzige Eifersucht und völliger Abfall von Gott (1Sam 16,14-28,2; 29-30). Als die Philister Israel angriffen, ließ Gott Sauls Bitte um Anweisungen unbeantwortet, so dass sich Saul an eine Totenbeschwörerin wandte, also an ein Mitglied von Satans Reich (1Sam 28,3-25). Wegen seiner Untreue starben Saul und seine Söhne in der Schlacht, und Israel fiel unter die Herrschaft der Philister (1Sam 31). So beendet Gott den erneut aufkeimenden Abfall durch Tod und Niederlage.

## Der Bund mit David

Nachdem David die Vorherrschaft der Philister über Israel gebrochen hatte, das Königreich vereinigt, Jerusalem eingenommen, zur politischen Hauptstadt der Nation und zum Zentrum der Anbetung gemacht hatte (2Sam 1-6), verspürte er den Wunsch, Gott in Jerusalem eine dauerhafte Wohnstätte zu bauen (2Sam 7,1-2). Dieser Ort sollte später den Namen „Tempel“ tragen.

Gott reagierte auf Davids Wunsch, indem er einen besonderen Bund mit ihm schloss (2Sam 7,12-16). In diesem Bund gab der Herr David betreffend die folgenden Verheißungen:

Erstens sollte er einen Nachkommen haben. Der Bund besagt ausdrücklich, dass er einen Sohn haben und dass Davids Haus ewig Bestand haben würde. Das bezieht sich eindeutig auf Davids leibliche Nachfahren, weil die königliche Linie sich immer auf David zurückführen lassen würde. Zweitens sollte sein Thron ewig Bestand haben, und drittens sollte auch sein Königtum ewig bestehen. Diese Zusage bezieht sich auf eine irdische, politische Herrschaft über Israel.[14]

Spätere göttliche Offenbarungen und der Verlauf der Geschichte zeigten, was Gott mit „ewig" meinte. Es bedeutete nicht, dass Israel als politisches Gemeinwesen mit einem Nachkommen Davids als König *ohne Unterbrechung* bis zum Ende der Geschichte im Land Kanaan existieren würde.[15] Vielmehr wollte Gott damit sagen, dass Davids Linie für den Rest der Geschichte bestehen bleiben würde.[16]

Wenn also die Zeit gekommen wäre und Gott vor dem Ende der Geschichte sein theokratisches Reich in dieser Welt aufrichten würde, wäre ein leiblicher Nachkomme Davids vorhanden, der das davidische Königreich in Kanaan neu begründen, über dieses Königreich mit Davids Autorität herrschen und für Gott die ganze Welt regieren würde.

Durch diese Verheißungen gewann der Bund mit David für den Konflikt des Reiches Gottes mit Satans Reich eine große Bedeutung. Sie bedeuteten nämlich, dass Israel im Laufe der Geschichte niemals vollständig vernichtet würde, dass immer ein legitimer Thronerbe zur Verfügung stünde, und dass es immer im Bereich des Möglichen liegen würde, dass Israel als irdisches, politisches Königreich aufersteht. Wie spätere Offenbarungen, die den Propheten gemacht wurden, zeigten, würde der Erlöser ein Nachkomme Davids sein, außerdem würden die Verheißungen des Davidsbundes in ihm endgültig erfüllt werden. Angesichts all dessen war es für Satan unbedingt erforderlich, Davids königliche Linie zu vernichten.

## Davids Schwierigkeiten

Gott gebrauchte David, um Israel in sein goldenes Zeitalter zu führen (2Sam 8; 10). David und Israel feierten viele Triumphe, so dass es für

Satan an der Zeit war, erneut zuzuschlagen. Weil sowohl das Volk als auch speziell die königliche Linie sein Ziel waren, war gerade der König der beste Angriffspunkt. David beging Ehebruch und ließ einen Mord verüben (2Sam 11).

Gott sorgte dafür, dass David sich so schlecht fühlte, dass er schließlich unter Tränen Buße tat (Ps 51). Sobald David mit zerbrochenem Herzen vor Gott kam, vergab dieser ihm in seiner Gnade. Weil aber David und Israel bei der Ankunft des Erlösers eine Schlüsselrolle einnahmen, war es erforderlich, dass ihnen die Folgen solcher Sünden drastisch vor Augen gestellt wurden, und so stürzte Gott David und das Volk in große Schwierigkeiten (2Sam 12-20). Dadurch verhinderte er, dass Davids verkehrtes Handeln in der ganzen Nation Nachahmer fand.

Satan griff erneut an und veranlasste David, eine Zählung aller wehrfähigen Männer durchzuführen (1Chr 21). Diese Volkszählung war offensichtlich eine Sünde, weil David von seinem Stolz getrieben wurde und weil er sich auf Israels militärische Stärke statt auf Gott verließ.[17] Gott nahm die Wurzel von Davids Stolz und Selbstsicherheit zum Anlass und tötete 70.000 Männer Israels in einer Pest. Die Pest endete, als David Buße tat und dem Herrn opferte. So machte Gott mit der teuflischen Sünde von König und Volk ein Ende und erinnerte sie an die Quelle ihrer Stärke.

## Salomos Abfall

Dank Salomos legendärer, ihm von Gott gegebener Weisheit erreichte Israel unter seiner Herrschaft ein Höchstmaß an herrlicher Prachtentfaltung. Eine seiner größten Leistungen war der Bau des Tempels (1Kö 5-6). Bei der Weihe wurde der Tempel als Zeichen von Gottes besonderer Anwesenheit von seiner Herrlichkeit erfüllt (1Kö 8). Gott schloss mit Salomo einen Bund, der Israel großen Segen verhieß, solange das Volk ihm treu blieb. Sollten die Israeliten von ihm abfallen, würde er sie aus dem Land vertreiben und den Tempel verwerfen (1Kö 9,1-9).

Satan wollte immer noch die ganze Nation zum Abfall bewegen und Davids königliche Linie ausrotten. Wieder einmal begann er seinen Angriff beim König. Seine Prämisse dabei war die folgende: Wie der König, so das Volk. In direktem Ungehorsam gegenüber Gottes Gebot (5Mo 17,16) stellte Salomo ein riesiges Streitwagenheer auf und schaffte eine große Menge Pferde an. Außerdem nahm er sich - auch diesmal im Widerspruch zu Gottes Gebot (5Mo 17,17) - viele Frauen. Insgesamt hatte er 700 Frauen und 300 Nebenfrauen (1Kö 11,3), von denen viele aus dem Ausland kamen und Götzen dienten. Salomo hatte sie um des politischen Vorteils willen geheiratet, damit aber das göttliche Gebot gebrochen, dass die Israeliten keine Ausländer heiraten sollten (1Kö 11,1-2). Diese Frauen brachten Salomo dazu, Anbetungsstätten für ihre Götter in Israel zu errichten und gemeinsam mit ihnen ihre Götzen anzubeten (1Kö 11,4-8). So wurde der König dem Herrn untreu. Sein Verhalten schwächte den Einfluss des Tempels, und für die Israeliten verschwamm der Unterschied zwischen Gott und den falschen Göttern.[18]

Wegen Salomos Untreue kündigte Gott an, dass er seinem Sohn den größten Teil des Königreiches wegnehmen würde, und am Ende seiner Regierungszeit erweckte er ihm Widersacher (1Kö 11,9-40). Jerobeam, einem dieser Feinde, verhieß Gott die Herrschaft über die zehn nördlichen Stämme (1Kö 11,29-39). Auf diese Art wollte Gott den größten Teil der Nation vom Ausgangspunkt der Untreue in Juda absondern und gleichzeitig der Linie Davids und Juda deutlich machen, wie unvernünftig ein solcher Abfall war. Das Kommen des Erlösers war wichtiger als die Einheit der Nation. Satan wollte dies verhindern und benutzte dabei Salomo: der König versuchte, Jerobeam zu töten, dieser aber konnte entkommen (1Kö 11,40).

## Die Teilung des Reiches

Salomos Sohn Rehabeam verhielt sich so töricht und unbesonnen, dass die zehn nördlichen Stämme rebellierten und ihre eigene Regierung mit Jerobeam als König aufrichteten (1Kö 12,1-24). Damit wurde das vereinte Königreich in zwei Reiche aufgeteilt: Israel im Norden und Juda im Süden.

**Verfall und Untergang des Nordreiches**

Es genügte Satan nicht, dass es nur im Südreich zur Untreue gekommen war, und er benutzte Furcht, um den Abfall von Gott auch im Nordreich einzuführen. Jerobeam befürchtete, dass sein Volk schließlich wieder Rehabeam Gefolgschaft leisten würde, wenn die Menschen weiterhin im Tempel in Jerusalem anbeteten. Um dies zu verhindern, ließ er zwei goldene Kälber anfertigen, setzte eine unechte Priesterschaft ein und begründete ein falsches religiöses System für das Nordreich, wobei er selbst die Leitung dieser gottlosen Anbetung übernahm (1Kö 12,25-33). Jerobeam blieb unbeirrt in seinem Abfall, und so kündigte Gott an, dass er das Nordreich schlagen und in Gefangenschaft jenseits des Euphrat schicken würde (1Kö 13,1-14,16).

Zwar kam es im Nordreich später als in Juda zum Abfall, dafür waren aber die schlimmsten Formen der Gottlosigkeit dort viel fester verankert. Über das Nordreich regierten insgesamt neunzehn Könige, und jeder Einzelne von ihnen hatte ein gottloses Wesen und handelte auch entsprechend. Der Schlimmste von ihnen war Ahab, der mit der teuflischen phönizischen Prinzessin Isebel verheiratet war (1Kö 21,25-26; 16,31). Unter Isebels Einfluss baute er einen Baalstempel in der Hauptstadt, machte die Baalsanbetung zur offiziellen Religion des Nordreiches, holte 850 Propheten des Baal und der Aschera ins Land und sorgte für ihren Lebensunterhalt, tötete die meisten von Gottes Propheten und schaffte die Anbetung Gottes ab.

Gott bekämpfte diesen Abfall, indem er immer wieder Propheten schickte und das Nordreich sein Gericht in verschiedenen Formen spüren ließ. Beides waren ernste Aufforderungen, Buße zu tun. Die Propheten verkündeten, dass Gott eine fremde Macht aufrichten würde, die Israel schlagen und in Gefangenschaft verschleppen würde, wenn das Volk nicht Buße tat (Hos 11,5; Am 6,14; 9,8-10).

Trotz der vielen Warnungen und Gerichte wollte das Volk nicht Buße tun. So ließ Gott Assyrien als sein Werkzeug aufstehen und züchtigte sein abgefallenes Volk (Jes 10,5-6). Die Assyrer fielen 734 und 732 v. Chr. ins Nordreich ein, übernahmen die Kontrolle über Galiläa und das Gebiet östlich des Jordans, verschleppten Israeliten aus diesen Gebieten in Gefangenschaft und machten Israel zu einem Vasallenstaat (2Kö 15,29).[19] Das Nordreich rebellierte und verbündete sich mit Ägypten, und so kehrten die Assyrer 725 v. Chr. zurück und belagerten die Hauptstadt Samaria so lange, bis sie sich 722 v. Chr. ergab. Die Israeliten wurden als Gefangene nach Persien gebracht.[20] Damit endete die Existenz des Nordreichs. Wegen seiner fortgesetzten Untreue hatte es nur knapp über zweihundert Jahre Bestand (931-722 v. Chr.).[21]

**Verfall und Untergang des Südreiches**

Rehabeam und die meisten seiner Nachfolger folgten Salomos schlechtem Beispiel, so dass sich Juda immer weiter von Gott entfernte. Im Laufe der Geschichte wurde das Südreich von neunzehn Königen und einer Königin regiert. Von diesen zwanzig Herrschern waren nur sieben gottesfürchtig.

Satan arbeitete daran, die Ankunft des Erlösers zu verhindern, indem er Juda immer mehr zum Abfall verführte. Gleichzeitig wollte er dasselbe Ziel durch die Auslöschung der königlichen Linie erreichen. Dazu benutzte er Atalja, die Tochter von Ahab und Isebel, dem berühmt-berüchtigten Regentenpaar, das im Nordreich regierte. Atalja heiratete in das königliche Haus Judas ein (2Kö 8,16-18). Nach dem Tod ihres Mannes und ihres Sohnes riss sie den Thron an sich und machte sich selbst zur Königin. Um ihre Herrschaftsposition zu sichern, ließ sie die gesamte von David abstammende königliche Nachkommenschaft umbringen (1Kö 11,1).[22]

Gott machte diesen satanischen Versuch, die Abstammungslinie des Erlösers auszulöschen, zunichte: er bewahrte einen von Davids königlichen Nachfahren. Der kleine Joasch wurde sechs Jahre lang vom Hohenpriester und seiner Frau im Tempel versteckt (2Chr 22,11-12). Als der richtige Zeitpunkt gekommen war, wurde er zum König gekrönt und Atalja getötet (2Kö 11,4-16).

Gott wirkte dem zunehmenden Abfall in Juda entgegen, indem er durch gottesfürchtige Könige mehrere Erweckungsbewegungen hervorrief. Die größte Erweckung fand unter Hiskia statt. Weil Juda zu Gott zurückkehrte, hielt der Herr das Versprechen, das er Jahrhunderte zuvor durch Mose gegeben hatte, und bewahrte sein Volk vor Schaden. 701 v. Chr. fiel ein riesiges assyrisches Heer in Juda ein.[23] Als es bis nach Jerusalem gezogen war und die Stadt belagern wollte, tötete Gott 185.000 assyrische Soldaten in einer Nacht und zwang dadurch die Überlebenden zum Rückzug (2Kö 18,9-19,37).

Aufgrund dieser vereinzelten Erweckungen hatte Juda länger Bestand als das Nordreich. Trotzdem bestand die generelle Tendenz zu einem immer tieferen Abgleiten in den Abfall. Wieder erweckte Gott Propheten und übte auf verschiedene Arten Gericht, um sein Volk zur Buße zu veranlassen, aber wieder wollte das Volk nicht hören. Während der langen Regierungszeit von Manasse, dem bösesten König Judas, erreichte der Abfall seinen Höhepunkt (2Kö 21,1-18). Er verführte das Volk zu schlimmeren Gräueln als die der Kanaaniter. Unter seiner Herrschaft erreichte der Abfall solche Ausmaße, dass Gottes Gerichtsdrohung über Juda unwiderruflich wurde. Selbst eine spätere Erweckung unter König Josia konnte das kommende Gericht nicht mehr aufhalten (2Kö 23,26-27; 24,3-4).

Nachdem Assyrien seinen Zweck für Gott erfüllt hatte – die Züchtigung des Nordreiches – verlor es immer mehr an Macht. Weil Gott es nicht mehr benötigte, wurde es dann 605 v. Chr. von den Medern und Babyloniern vollständig vernichtet.[24] Als das Maß von Judas Abfall allmählich voll wurde, war für Gott die Zeit gekommen, eine neue ausländische Macht als Züchtigungsinstrument aufzuerwecken. Bei dieser neuen Macht handelte es sich um Babylonien.

Nachdem er Assyrien besiegt hatte, führte der babylonische Kronprinz Nebukadnezar sein Heer 605 v. Chr. nach Juda, raubte einen

Teil der Tempelschätze aus Jerusalem und nahm Gefangene mit. Unter diesen Geiseln befanden sich auch der Prophet Daniel und seine Freunde (2Kö 24,1; Dan 1,1-6).[25] Damit begann die babylonische Gefangenschaft des jüdischen Volkes.

597 v. Chr. kehrte das babylonische Heer nach Jerusalem zurück, plünderte den Tempelschatz und raubte die Schätze des Königshauses. Der König von Juda und die politische und kulturelle Elite des Landes – darunter auch der Prophet Hesekiel – wurden bei dieser zweiten Wegführung nach Babylonien gefangen genommen (2Kö 24,8-16).[26]

Nachdem Hesekiel in Babylonien angekommen war, ließ Gott ihn auf wundersame Weise den Auszug seiner Herrlichkeit aus dem Tempel und der Stadt Jerusalem schauen (Hes 8-11). Dieses Ereignis war im Kampf zwischen dem Reich Gottes und Satans Reich von kaum zu unterschätzender Bedeutung. Es zeigte, dass Gottes schützende Gegenwart sich wegen dessen andauernden Abfalls aus der Mitte seines Volkes zurückgezogen hatte. Jetzt war für die Babylonier der Weg zur Zerstörung des Tempels und Jerusalems frei.

Wegen der Rebellion ihres über Juda eingesetzten Marionettenkönigs kehrten die Babylonier nach Jerusalem zurück. 586 v. Chr. fiel die Stadt. Dabei wurden viele Juden getötet, der Tempel zerstört, die Stadt in Schutt und Asche gelegt und die meisten der überlebenden Juden gefangen nach Babylonien geführt (2Kö 25,1-11).[27] Damit hörte das Reich Juda nach fast 350 Jahren auf zu existieren (931-586 v. Chr.).[28]

Was den Fall Israels und Judas betrifft, sollte eine Tatsache betont werden. Weil er ein heiliger Gott ist, ließ der Herr zu, dass viele aus seinem Volk wegen ihrer Untreue getötet wurden, aber er duldete nicht, dass die Nation vollständig vernichtet wurde. Ein Überrest wurde bewahrt. Die Bestrafung der Israeliten zielte darauf ab, sein Volk von seiner Untreue zu heilen, so dass der Erlöser kommen konnte.

# 4

# Der Konflikt von der babylonischen Gefangenschaft bis zur Himmelfahrt Christi

## Die babylonische Gefangenschaft

Auch als die Juden in der babylonischen Gefangenschaft waren, griff Satan an. Nebukadnezar befahl, dass alle seine Untertanen sein Bild anbeten sollten (Dan 3,1-7). Hätten die Juden gehorcht, wären sie Gott erneut untreu geworden. Gott durchkreuzte diesen satanischen Plan, indem er die ersten Israeliten, die die Befolgung des königlichen Befehls verweigerten, auf wunderbare Weise vor Verletzungen bewahrte, als sie zur Strafe in den brennenden Feuerofen geworfen wurden (Dan 3,8-27). Das führte dazu, dass den Juden alle Verpflichtungen erlassen wurden, die die Anbetung eines anderen als ihres Gottes beinhalteten (Dan 3,28-30).

Nachdem Babylonien seinen Zweck für Gott erfüllt hatte – die Züchtigung Judas – benötigte er es nicht mehr länger. Als sich das Ende der babylonischen Gefangenschaft näherte, unterlag Babylonien

539 v. Chr. unerwartet schnell Medo-Persien (Dan 5).[29] In Erfüllung von Jesaja 44,28 und 45,1 erließ der persische König Kyrus 538 v. Chr. einen Befehl, der den Israeliten die Rückkehr in ihre Heimat und den Wiederaufbau des Tempels gestattete.[30] Mit diesem Erlass endete die babylonische Gefangenschaft.

## Unter persischer Oberherrschaft

Die Mehrheit der Juden entschied sich dafür, auch nach dem Ende der Gefangenschaft in Babylonien zu bleiben. Allerdings kehrten unter Serubbabel und Jeschua auch fast 50.000 Israeliten in ihre Heimat zurück (Esr 1-2). Als sie dort ankamen, bauten die zurückgekehrten Juden einen Altar und setzten die im Gesetz vorgeschriebenen Feste und Opfer wieder ein (Esr 3,1-7). Im zweiten Jahr nach ihrer Rückkehr begannen sie mit dem Wiederaufbau des Tempels (Esr 3,8-13). Zu diesem Zeitpunkt griff Satan erneut an.

Da es einfacher sein würde, die Israeliten zum Abfall zu verführen, wenn sie keinen festen Platz für die Anbetung Gottes hatten, wollte Satan den Wiederaufbau des Tempels unbedingt verhindern. Samaritische Feinde der Juden leisteten so heftigen Widerstand gegen eine Neuerrichtung, dass mindestens sechzehn Jahre lang alle Bauaktivitäten ruhten (Esr 4,1-5.24). Gott machte diesen satanischen Versuch zunichte, indem er die Propheten Haggai und Sacharja erweckte, die das Volk ermahnten, mit dem Wiederaufbau weiterzumachen, und tatsächlich wurden die Bauarbeiten ab 520 v. Chr. fortgesetzt (Esr 5,1-2).[31]

Ein zweites Mal schien es, als würde Satan den Wiederaufbau verhindern, als andere Feinde der Juden einen Bericht über den Tempelbau an den persischen König Darius sandten (Esr 5,3-17), aber Gott vereitelte diesen Plan durch den König selbst. Darius fand die Schriftrolle, die Kyrus' Befehl zum Wiederaufbau enthielt und ordnete an, dass die Feinde der Juden Material für den Tempelbau zur Verfügung stellen mussten, anstatt das Vorhaben zu verzögern. Darius drohte sogar an, jeden mit dem Tod zu bestrafen, der das Bauprojekt behinderte (Esr 6,1-12). So konnte der Tempel im Jahre 516 v. Chr. fertiggestellt werden (Esr 6,13-16).

In der Regierungszeit von König Xerxes (486-465 v. Chr.), in der Bibel heißt er „Ahasveros", versuchte Satan erneut, das Volk auszurotten, durch das der Erlöser kommen sollte.[32] Der persische Premierminister Haman brachte den König dazu anzuordnen, dass an einem festgesetzten Tag alle Juden getötet werden sollten (Est 3,7-15). Gott wehrte diesen Angriff ab, indem er dafür sorgte, dass der König einen zweiten Erlass schrieb, der es den Juden erlaubte, sich gegen ihre Bedränger zu verteidigen (Est 4-9). Dadurch wurde Gottes Volk bewahrt.

Satan hatte vor, die Juden im Gelobten Land wieder zum Abfall zu verführen. Da es bereits einige Jahrhunderte früher durch Ehen zwischen israelitischen Männern und ausländischen, heidnischen Frauen zu massivem Abfall gekommen war, gab es gute Gründe anzunehmen, dass diese Methode auch jetzt funktionieren würde. In Missachtung des Gesetzes nahmen sich zahlreiche Juden, darunter Tempelpriester und politische Führer, ausländische, heidnische Frauen. Durch diese verbotenen Ehen kamen erneut götzendienerische Praktiken auf (Esr 9,1-2). Gott wirkte dem entgegen, indem er 458 v. Chr. den Schriftgelehrten Esra mit einem Erlass von König Artaxerxes (heißt in der Bibel „Artahsasta I) nach Israel schickte. In diesem Erlass war festgelegt, dass Esra eine Zentralregierung in Jerusalem einsetzen und die Israeliten im Land Gottes Gesetz lehren sollte. Alle Juden, die dem Gesetz Gottes nicht gehorchten, sollten bestraft werden (Esr 7). Esra forderte die jüdischen Männer auf, über ihre Sünde Buße zu tun und ihre heidnischen Frauen wegzuschicken (Esr 10). Dadurch wurde dem Abfall Einhalt geboten.

445 v. Chr. erhielt Nehemia von Artaxerxes I einen Erlass, der ihm den Wiederaufbau der Stadtmauern Jerusalems erlaubte und ihm dabei Hilfestellung zusicherte.[33] Solange die Mauern niedergerissen blieben, lebten die Juden im Elend und waren dem Spott ihrer Feinde ausgesetzt, deshalb kam es Satan zugute, wenn sie nicht wieder aufgerichtet wurden. Die Feinde der Israeliten versuchten, den Mauerbau durch

Schmähreden und Angriffsdrohungen zu verhindern. Aber Gott ermutigte die Juden durch Nehemia, mit der Waffe in der Hand weiterzubauen. Dann stellten Nehemias Feinde ihm Fallen, um ihn loszuwerden, aber Gott gab ihm die nötige Weisheit, um sich nicht fangen zu lassen. So wurde die Stadtmauer in zweiundfünfzig Tagen wieder aufgebaut (Neh 1-7).

Satan gab nicht auf. Nach einiger Zeit durften Heiden bei den Juden im Land wohnen, ja, ein ehemaliger heidnischer Feind erhielt sogar eine Tempelzelle als Unterkunft. Die Israeliten gaben nicht mehr den Zehnten, weshalb die Leviten und Sänger, die Dienst taten, den Tempel verließen. Händler durften den Sabbat entweihen und an diesem Tag in Jerusalem ihre Waren verkaufen. Jüdische Männer nahmen sich wieder heidnische Frauen. Das Volk brachte Gott minderwertige Opfer, die Priester verunehrten Gott durch ihr Verhalten. Die Männer ließen sich von ihren Frauen scheiden, und das Volk nannte Böses gut und kam zu dem Schluss, dass es sinnlos war, Gott zu dienen (Neh 13; Mal). Gott stoppte diesen verhängnisvollen Lauf der Dinge durch Maleachis Predigten und die von Nehemia angestoßenen Reformen.

## Die Botschaft der Propheten

Die Propheten des Alten Testaments sagten viele Details über den kommenden Erlöser voraus. Dabei beschrieben sie ihn aus zwei Blickwinkeln: als den leidenden Knecht, der sterben würde, um die Strafe für die Sünden der Menschen zu bezahlen (Jes 52,13-53,12), und als herrlichen König, der Gottes theokratische Herrschaft wieder in der Welt aufrichten würde (Jes 9,6-7; Dan 7,13-14).

Die Propheten offenbarten, dass der Erlöser die tragischen Folgen der menschlichen Sünde umkehren würde, sobald er das künftige theokratische Reich gebildet hätte. So würde er zum Beispiel die Natur der Tiere verändern, so dass alle Tiere wieder völlig zahm wären (Jes 11,6-9; 65,25). Er würde die Folgen des Todes ungeschehen machen und alle Krankheiten und Missbildungen heilen (Jes 33,24; 35,5-6), die heute überall lauernden Gefährdungen beseitigen (Hes 34,25-29) und die menschliche Lebensdauer verlängern (Jes 65,20.22). Er würde die Fruchtbarkeit des Erdbodens in einem solchen Maße wieder herstellen, dass es überall zu einem üppigen Pflanzenwachstum käme und die Bäume viel Frucht bringen würden (Jes 55,13; Hes 47,12; Joe 2,21-22), es würde Fische in großer Zahl geben (Hes 47,9-10) und Korn und Most in Fülle (Joe 2,24; Am 9,13). Überhaupt würde Nahrung in solchen Mengen zur Verfügung stehen, dass es keine Hungersnöte mehr geben würde (Jer 31,12-14; Hes 34,27-29; 36,29-30; 47,12; Joe 2,24-26; Sach 8,11-12). Er würde zugunsten der Menschen die Umwelt regulieren (Hes 34,26-27), ja sogar die Umweltzerstörungen wieder rückgängig machen (Hes 47,1-12) und Kriegen und Ungerechtigkeit ein Ende bereiten (Jes 2,2-4; 9,6; 11,2-5; Jer 23,5; Mi 4,1-3; Sach 9,9-10).

Die Propheten nannten den kommenden Erlöser den „Gesalbten" (Ps 2; Dan 9,25-26) und zeigten, dass er als Nachkomme Davids auf Davids Thron über Gottes zukünftiges theokratisches Reich herrschen würde (Jes 9,6; Jer 23,5-6; 30,9; 33,14-17; Hes 34,23-24; 37,24-25). Der Bund mit David würde durch ihn erfüllt werden (Jer 33,20-26).

Nicht zuletzt verkündeten die Propheten, dass das kommende theokratische Königreich erst dann aufgerichtet würde, wenn Israel Buße tun und zu Gott umkehren würde (5Mo 30,1-10; Jer 31,16-40; Hes 36,32-38; Hos 3,4-5; Sach 13,9). Daraus folgt, dass das Volk Israel ein entscheidender Faktor in der Aufrichtung der irdischen, politischen Form des Reiches Gottes sein wird.

### Unter griechischer Oberherrschaft

Persien erfüllte seinen Zweck für Gott – die Rückführung und Wiederansiedlung des jüdischen Volkes in seinem Heimatland. Dann benötigte Gott es nicht mehr länger und Persien wurde 334 v. Chr. von einem griechisch-makedonischen Heer unter Führung Alexanders des Großen überfallen.[34] Schon 331 v. Chr. war das persische Reich vollständig in Alexanders Reich aufgegangen.[35]

Alexander drang mit seinem Heer bis in das vorderindische Pandschab vor,[36] und als seine Männer die anstrengenden Märsche nicht mehr durchhielten, entließ er sie gruppenweise. Viele dieser Soldaten „ließen sich dort nieder, wo sie entlassen worden waren, nahmen sich einheimische Frauen und gründeten Familien."[37] In der Folge entstand ein riesiger, sich bis nach Ägypten erstreckender einheitlicher Sprach- und Kulturraum.[38] Nach Alexanders plötzlichem Tod 323 v. Chr. erschütterten heftige Kämpfe um die Vorherrschaft zwischen seinen Feldherren bzw. deren Nachfolgern sein Reich,[39] bis schließlich Ptolemäus und seine Nachfolger die Kontrolle über Ägypten erlangten, während Syrien, Babylonien und Kleinasien an die Seleukiden fielen.[40]

Unter den Ptolemäern erging es den Juden gut, aber als die syrischen Seleukiden 199 v. Chr. das Heilige Land eroberten, änderten sich die Dinge tiefgreifend.[41] Satan griff das Volk des Erlösers erneut an. Antiochus Epiphanes (175-163 v. Chr.), einer der seleukidischen Herrscher, wollte für sein ganzes Reich eine einheitliche hellenische Kultur und Religion durchsetzen.[42] Dazu gehörte auch die Ausmerzung des jüdischen Kultes, und um dieses Ziel zu erreichen, beendete Antiochus den Opferdienst im Tempel.[43] Er betrat das Allerheiligste und entweihte es, opferte ein Schwein auf dem Brandopferaltar und verbot die Beschneidung und die Einhaltung des Sabbats.[44] Er errichtete heidnische Altäre und erzwang götzendienerische Opfer, führte die Anbetung des Zeus und anderer griechischer Gottheiten ein und ließ alle Juden hinrichten, in deren Besitz eine Ausgabe der Thora gefunden wurde.[45] Die Akzeptanz dieser Assimilierungspolitik bedeutete gleichzeitig den erneuten Abfall von Gott.

Angeführt von der priesterlichen Aristokratie nahm ein Teil der Juden Antiochus' Politik enthusiastisch auf.[46] Diese Gruppe wurde schließlich unter der Bezeichnung „Sadduzäer" bekannt.[47] Gott wirkte diesem erneuten Abgleiten in den Abfall durch die orthodoxe Partei unter den Juden entgegen. Organisatoren des Widerstandes waren die so genannten Makkabäer, die Antiochus so lange Widerstand leisteten, bis sie sich 164 v. Chr. die religiöse Freiheit erkämpft hatten und den Tempel wieder einweihen konnten.[48] Diese orthodoxe Gruppe wurde später als „Pharisäer" bezeichnet.[49]

## Die Anfänge der römischen Oberherrschaft

Griechenland hatte seinen von Gott vorgesehenen Zweck erfüllt – die Bereitstellung einer einheitlichen Sprache für den Mittelmeerraum. Diese gemeinsame Sprache würde später die Verbreitung des Evangeliums und der Schriften des Neuen Testaments wesentlich erleichtern. Nachdem das griechische Weltreich seinen Dienst für Gott getan hatte, unterlag es Rom, und so kam das Heilige Land 63 v. Chr. unter römische Oberherrschaft.[50] Einige Zeit später, im Jahr 37 v. Chr., machten die Römer Herodes den Großen zum König über Judäa.[51]

## Leben und Dienst Jesu Christi

Obwohl Satan während der alttestamentlichen Zeit wiederholt versuchte, Israel zu zerstören oder zum Abfall zu verführen, bewahrte Gott jedes Mal einen gläubigen Überrest seines Volkes. Der Erlöser wurde schließlich von einer jungen Frau geboren, die Teil dieses Überrestes war. Ein Engel verkündigte Maria, dass sie ihrem Sohn den Namen Jesus geben sollte, dass er der Sohn des Höchsten genannt werden würde, dass er den Thron seines Vaters David erhalten und ein ewiges Königtum empfangen würde (Lk 1,26-33).

Jesus Christus wurde ungefähr 5 oder 4 v. Chr. geboren.[52] Als „die Fülle der Zeit kam, sandte Gott" den Erlöser, „geboren von einer Frau" (Gal 4,4), genau wie er es in 1. Mose 3,15 verheißen hatte. Satans wütende Versuche, das Kommen des Erlösers zu vereiteln, waren alle misslungen. Derjenige, der der Schlüssel zur Verwirklichung von Gottes Ziel der Geschichte war, war jetzt auf dieser Welt. Er hatte menschliche Gestalt angenommen, um die Sünde der Menschen durch sein stellvertretendes Opfer wegzunehmen, so dass er Satan und die Werke seines Reich vernichten konnte (Joh 1,1.14.29; Hebr 2,14; 9,26; 1Jo 3,8).

Da der Erlöser nun gekommen war, wollte Satan sein stellvertretendes Opfer und die Aufrichtung von Gottes theokratischem Reich verhindern. Dieses Ziel versuchte er auf verschiedene Arten zu erreichen. Zum einen unternahm er mehrere Anschläge auf das Leben des Erlösers. Relativ kurze Zeit nach Jesu Geburt in Bethlehem versuchte König Herodes, den neuen davidischen König umzubringen, und ließ alle Kleinkinder in der Stadt töten (Mt 2,16). Gott machte diesen Plan zunichte, indem er den Stiefvater des Erlösers warnte und ihn aufforderte, mit seiner Familie nach Ägypten zu fliehen (Mt 2,13-15). Als Jesus das erste Mal in seiner Vaterstadt predigte, wurden die Menschen so von Wut erfüllt, dass sie ihn umbringen wollten (Lk 4,16-29). Jesus entging der Menge, als er auf wundersame Art unverletzt mitten durch sie hindurchging (Lk 4,30). Bei mindestens zwei anderen Gelegenheiten versuchten die Juden, Jesus zu steinigen, aber er entkam jedes Mal (Joh 8,59; 10,31.39). Der Erlöser wusste, dass all diese Mordversuche von Satans Reich ausgingen (Joh 8,37-47).

Eine zweite Taktik Satans bestand in der Verführung zum Abfall. Er könnte sein Ziel ebenfalls verwirklichen, wenn es ihm gelänge, Jesus von der Ausführung seines gottgegebenen Auftrags abzubringen. Bei den Menschen im Allgemeinen und Israel im Besonderen war Untreue ein probates Mittel gewesen – er hoffte, dass es damit beim Erlöser auch klappen würde. Aus diesem Grund versuchte Satan Jesus in der Wüste (Mt 4,1-11). Eine der Versuchungen bestand darin, dass Satan Jesus alle Reiche der Welt anbot, wenn er niederfallen und ihn anbeten würde (Mt 4,8-9). Auf diese Art stellte er Jesus die Herrschaft über das Weltsystem ohne die Leiden des Kreuzes in Aussicht. Hätte Jesus das Angebot angenommen, hätte Satan Gottes Pläne bezüglich des Ziels der Geschichte durchkreuzt. Jesu Antwort bestand darin, dass er Satan zurechtwies und der Verführung zum Abfall widerstand (Mt 4,10).

Satan versuchte auch mehr als einmal, den Erlöser zum Abbruch seiner Mission zu bewegen (Lk 4,13). So benutzte er zum Beispiel Petrus für einen solchen Versuch, Jesus vom Gang ans Kreuz abzuhalten, aber Jesus tadelte Petrus für seine Worte (Mt 16,21-23). So sehr er es auch versuchte, es gelang Satan nicht, den Erlöser zum Abfall zu verführen. Deswegen konnte Jesus in der Nacht vor der Kreuzigung sagen, dass der Fürst der Welt nichts in ihm hat (Joh 14,30). Jesus hatte allen Versuchen widerstanden, ihn auf Satans Seite zu ziehen, und so war es nur noch eine Frage der Zeit, bis Satan hinausgeworfen und seine beherrschende Stellung im Weltsystem verlieren würde (Joh 12,31).

Während seines irdischen Dienstes bot Jesus Israel das verheißene theokratische Reich an. Wie bereits ausgeführt wurde, hatten die Propheten klar gesagt, dass das theokratische Königreich erst aufgerichtet werden würde, wenn Israel Buße täte. Deshalb verkündeten Johannes der Täufer, der die Menschen auf das Kommen des Erlösers vorbereitete, Jesus selbst und auch seine Jünger alle dieselbe Botschaft: „Tut Buße! Denn das Reich der Himmel ist nahe gekommen (Mt 3,1-2; 4,17; Mk 6,7-13). Weil Israel eine Schlüsselrolle bei der Aufrichtung des Himmelreiches spielt, gebot Jesus seinen Jüngern, nicht zu den Heiden oder Samaritern, sondern nur zum Volk Israel zu gehen (Mt 10,5-7). Aus demselben Grund entgegnete er einer heidnischen Frau, die sich Hilfe suchend an ihn wandte: „Ich bin nur gesandt zu den verlorenen Schafen des Hauses Israel" (Mt 15,21-26).

Durch seine Wunder bewies Jesus, dass sich genau in diesem Augenblick Derjenige in Israel aufhielt, der die erforderliche Macht hatte, um das Reich Gottes aufzurichten. Durch seine Dämonenaustreibungen zeigte er, dass er fähig war, das Reich Satans zu verheeren (Mt 12,22-30). Als er Dämonen austrieb und sie in eine Herde Schweine fahren ließ, und als er dafür sorgte, dass Petrus einen Fisch mit einem Stater (Münze; Anm.des Herrausgebers) im Maul angelte, wurde seine Herrschaft über die tierische Natur sichtbar (Mt 17,24-27; Mk 5,1-20). Durch die Heilung verschiedenster Krankheiten und Behinderungen (Mk 3,1-6; 7,31-37; Joh 5,1-9; 9,1-41) sowie durch Totenauferweckungen (Mt 9,18-26; Lk 7,11-17; Joh 11,1-44) zeigte er, dass er die Auswirkungen des Todes umkehren konnte. Als er einen Feigenbaum verfluchte und dieser daraufhin verdorrte (Mt 21,18-22), als er

Fische in großer Zahl hervorbrachte (Lk 5,1-11; Joh 21,19), Wasser in Wein verwandelte (Joh 2,1-11) und kleine Mengen an Nahrungsmitteln so vermehrte, dass 5.000 bzw. 4.000 Menschen davon satt wurden (Mk 8,1-9; Joh 6,5-14), bewies er damit, dass er dazu in der Lage war, die Bäume fruchtbar zu machen und die Menge an Fisch, den Überfluss an Most und das Übermaß an Nahrungsmitteln hervorzubringen, die die Propheten für das Reich Gottes vorhergesagt hatten. Als er den Sturm stillte und über das Wasser ging, zeigte er seine Macht, Gefährdungen zu beseitigen und die Umwelt zugunsten des Menschen zu kontrollieren (Mt 14,24-33; Mk 4,35-41).

Als Jesus seine Jünger aussandte, um Israel Buße und das Reich Gottes zu predigen, gab er ihnen die Macht, Wunder zu tun. Es ist interessant, dass diese Wunder exakt die zukünftigen Verhältnisse in einem im buchstäblichen Sinn aufzufassenden, irdischen, theokratischen Reich widerspiegelten (Mk 6,7; Mt 10,5-8). Die Wunder Jesu und seiner Jünger hatten zwei Funktionen:

Erstens sollte dadurch Jesus als derjenige kenntlich gemacht werden, der das theokratische Reich aufrichten und die damit einhergehende Wiederherstellung der Erde bewerkstelligen konnte (Mt 19,28).

Zweitens sollte damit die Behauptung untermauert werden, dass das Reich auch tatsächlich aufgerichtet werden konnte, wenn Israel als Volk Buße tat. Die Juden, die Zeugen dieser Wunder waren, erhielten einen Vorgeschmack der wunderbaren Kräfte des zukünftigen Tausendjährigen Reiches (Hebr 6,5).

Satan verabscheute es, wenn die Kunde vom Reich Gottes verbreitet wurde. Er wusste, dass er und sein Reich vernichtet würden, wenn Israel die Ankündigungen glauben und Buße tun würde, und deswegen setzte er alles daran, dass dieses Angebot zurückgewiesen wurde. Um dies zu erreichen, wirkte er ohne Unterlass in den Herzen der Juden, damit die Botschaft dort nicht Wurzeln schlagen und Frucht bringen konnte (Mt 13,18-22). Tatsächlich glaubte die Mehrheit der Juden nicht an die Königreichsbotschaft. Zwar wünschten sie sich durchaus ein politisches, theokratisches Reich im wörtlichen Sinn (Mk 11,8-10), aber die geistlichen Bedingungen, die Voraussetzung dafür waren, wollten sie nicht erfüllen. Weil sie Nachkommen Abrahams waren, mussten sie ihrer Meinung nach nicht Buße tun (Mt 3,7-9), und so lehnte das Volk Israel das ihm angebotene theokratische Reich ab.

Als er Israel dazu brachte, das Reich Gottes auszuschlagen, besiegelte Satan ironischerweise sein eigenes Schicksal (Joh 12,31; 16,11). In Übereinstimmung mit seinem souveränen Plan für diese Welt benutzte Gott Israels Ablehnung, um das stellvertretende Opfer für die Sünde der Menschen bereitzustellen (Joh 12,37-40; Apg 2,22-23; 4,27-28). Israel lehnte das ihm angebotene Königreich ab, als es den Erlöser ablehnte, der das Angebot machte (Joh 12,37-38), und als es Jesus als König ablehnte, forderte es seine Kreuzigung (Joh 19,13-16). Als Jesus gekreuzigt wurde, starb er als „das Lamm Gottes, das die Sünde der Welt wegnimmt" (Joh 1,29). Durch seinen Tod bezahlte er den Preis, der die göttliche Gerechtigkeit zufriedenstellt und die Sühnung unserer Sünden wirkt (Röm 3,24-25; 1Jo 2,2; 4,10).

Im Lichte dessen sind Jesu Worte vor seinem Tod am Kreuz („Es ist vollbracht!") von höchster Bedeutung. Johannes schreibt, dass Jesus diese Worte sprach, als er wusste, dass alles vollbracht war (Joh 19,28-30). Das bedeutet, dass der Erlöser durch seine Kreuzigung alles getan hatte, was nötig war, damit Gottes Ziel der Geschichte verwirklicht werden konnte – die Vernichtung Satans und seines Reiches, die Aufrichtung des theokratischen Reiches und die Umkehrung der tragischen Folgen der menschlichen Sünde. Bei Jesu Aussage muss es Satan eiskalt den Rücken hinuntergelaufen sein. Alle seine Versuche, das Kommen des Erlösers und die Erfüllung seines Auftrags zu verhindern, waren gescheitert. Gott in seiner Souveränität hatte die Oberhand behalten.

Am dritten Tag nach seiner Kreuzigung stand Jesus leiblich von den Toten auf (Mt 28,1-10; 1Kor 15,3-4), was aus mehreren Gründen sehr bedeutsam war.

Erstens war es der Beweis dafür, dass sein Tod als stellvertretendes Opfer für die Sünde der Menschen Gottes Gerechtigkeit zufriedengestellt hatte. Wäre das nicht der Fall gewesen, hätte Gott ihn nicht auferweckt (Apg 2,24).

Zweitens zeigte es, dass der Erlöser für uns Menschen den Sieg über den Tod und über Satan, der die Macht des Todes hat, errungen hat (1Kor 15,20-24; Hebr 2,14).

Drittens beinhaltete die Auferstehung die Zusicherung, dass Gott seinen Plan von der Aufrichtung eines theokratischen Reiches nicht aufgegeben hatte. Als Jesus starb, verloren seine Jünger alle ihre diesbezüglichen Hoffnungen (Lk 24,13-21). Durch seine Auferstehung stand der Erlöser wieder bereit, um das Königreich zu der von Gott festgesetzten Zeit aufzurichten und zu regieren (Apg 1,3.6-7).

Durch seine zahlreichen Erscheinungen bewies Jesus vierzig Tage lang, dass er tatsächlich leiblich auferstanden war (Lk 24,36-43; Apg 1,3; 1Kor 15,3-7). Am Ende dieser Zeit fuhr er gen Himmel (Mk 16,19; Lk 24,51; Apg 1,9-11). Von dort wird er erst dann sichtbar zurückkehren und sein messianisches Reich aufrichten, wenn Israel als Nation Buße tut und ihn als Messias anerkennt (Mt. 23, 37-39; Hos 5,15). [*Die Entrückung der Gemeinde geschieht unabhängig von diesem Ereignis; s. Kap. 9, Anm. d. Hrsg.*]

# 5

# Der Konflikt von der Beiseitesetzung Israels bis zur Reformation

## Die Beiseitesetzung Israels

Als Israel seinen Messias und verheißenen Erlöser verwarf, wurde offensichtlich, dass das Volk nicht Willens war, seine Beziehung mit Gott in Ordnung zu bringen und Buße zu tun. Allerdings lehrt die Schrift unmissverständlich, dass der Tag kommen wird, an dem das Volk als Ganzes Buße tut. Zu diesem Zeitpunkt wird der Erlöser zurückkommen, das theokratische Reich aufrichten und der Erde „Zeiten der Erquickung" und „der Wiederherstellung aller Dinge" bringen, so wie Gott es durch die Propheten verheißen hat (Apg 3,19-21; vgl. Hes 36,25-38; Sach 12,10-13,2).

Wegen seines Unglaubens hat Gott Israel eine Zeit lang beiseitegesetzt, so dass das Volk nicht mehr die besonderen Segnungen genießt, die Gott ihm Jahrhunderte früher im Bund mit Mose zugesagt hatte. Israel wird von diesen Segnungen so lange ausgeschlossen bleiben, bis es Buße tut und an Jesus glaubt. Bis dahin wirkt Gott unter den Heiden, so dass viele unter ihnen Vergebung für ihre Sünden erfahren (Röm 11,11-27).

**Der Antisemitismus im gegenwärtigen Heilszeitalter**

Weil Israel seinen Messias verwarf, verdammte es sich selbst zu jahrhundertelang währendem Elend und Verfolgungen durch die heidnischen Nationen (Mt 23,37-38; Lk 19,41-44). Diese Verfolgungen werden so lange anhalten, bis das Volk seine Meinung über Jesus ändert (Mt 23,39). Weil Israel beiseitegesetzt wurde, kann es nicht mehr darauf vertrauen, dass Gott es vor jeglichem Schaden bewahren wird, und so sieht es sich durch seinen Unglauben heftigstem Antisemitismus ausgesetzt.

Es scheint also, dass Satan sogar im jetzigen Heilszeitalter noch Antisemitismus verursacht. Zwar befindet sich Israel in geistlicher Auflehnung gegenüber Gott, aber es spielt immer noch eine Schlüsselrolle bei der Errichtung des zukünftigen theokratischen Reiches. Satan weiß genau, dass er erst dann vernichtet wird und Gott sein Reich aufrichtet, wenn Israel Buße tut, und deswegen versucht er alles, um diese Buße zu verhindern. Das sicherste Mittel, um dieses Ziel zu erreichen, ist die Vernichtung Israels, bevor es überhaupt Buße tun kann. Aus diesem Grund ist die Vernichtung Israels ein Ziel Satans in der gegenwärtigen Heilszeit.

Um diese Absicht zu verwirklichen, hat er die unterschiedlichsten menschlichen Werkzeuge benutzt. In der Antike war das Römische Reich für den Tod tausender Juden verantwortlich, als Rom jüdische Aufstände niederschlug. Im Mittelalter benutzte er die mächtige Amtskirche, die die Inquisition einrichtete und auch Juden als Ketzer verfolgte. Während des zweiten Weltkriegs wurden durch Nazideutschland sechs Millionen Juden in ganz Europa getötet. Später benutzte er den Kommunismus in Russland, und auch hinter dem Nahostkonflikt steht letztlich Satans Wunsch, Israel zu vernichten.

Aber obwohl Gott es zulässt, dass Israel so für seinen Unglauben gezüchtigt wird, gestattet er doch nicht, dass das Volk tatsächlich ausgerottet wird. Das jüdische Volk ist für die Verwirklichung seines Ziels der Geschichte von entscheidender Bedeutung, und deswegen achtet Gott sorgfältig darauf, dass getreu Sseiner Verheißung zumindest ein Überrest bewahrt wird (Jer 30,9-11; 46,27-28; Hes 6,8; 14,21-23; 36,16-31; Röm 9,27-28).

## Die Entstehung der Gemeinde

Gott würde es niemals so weit kommen lassen, dass es niemanden mehr gibt, der ihn und sein allumfassendes Reich bezeugt. Da Israel geistlich in Unordnung geraten war, beschloss er, einen neuen Organismus zu schaffen, der in Zukunft von ihm Zeugnis geben würde. Dieser neue Organismus war nicht mehr mit einer Nation identisch, sondern bestand aus Menschen aus vielen Nationen mit vielen unterschiedlichen Sprachen. Anstatt auf Juden beschränkt zu sein, gehören zu seinen Mitgliedern gläubige Juden und Heiden, die harmonisch zu einem Leib zusammengefügt werden (Eph 2,11-3,11). Der neue Organismus wurde unter der Bezeichnung Gemeinde bekannt (Mt 16,18). Die Gemeinde ist gleichzeitig der Leib und die Braut Christi (1Kor 12,12-27; Eph 4,4-6; 5,22-32). Sie wird in der Welt bestehen bleiben, bis Gott sich wieder Israel zuwendet und es zur Buße leitet.

Unmittelbar vor seiner Himmelfahrt gab Jesus den Jüngern einen ganz besonderen Auftrag: „Geht hin in die ganze Welt und predigt das Evangelium der ganzen Schöpfung“ (Mk 16,15). Außerdem versprach er, dass er ihnen den Heiligen Geist senden würde, so dass sie die Kraft hätten, diesen Zeugendienst auch auszuführen (Lk 24,49; Apg 1,8). Wenige Tage nach seiner Himmelfahrt, an Pfingsten, kam dann der Heilige Geist, und die Gemeinde entstand (Apg 2; 11,15).

## Erste Angriffe auf die Gemeinde

Mit der Bildung der Gemeinde war Satan ein neuer Feind entstanden. Dass sie das Evangelium predigte, war für sein Reich eine schwerwiegende Bedrohung, weil jedes Mal, wenn ein Mitglied von Satans Reich das Evangelium hört, die Gefahr besteht, dass es daran glaubt. Durch diesen Glauben wird die betreffende Person sofort aus Satans Reich der Finsternis in Gottes allumfassendes Reich versetzt (Apg 26,17-18; Gal 1,4; Kol 1,13). Um ein Ausbluten seines Reiches zu verhindern, beschloss Satan, den Sinn seiner Untertanen für das Evangelium zu verblenden (2Kor 4,3-4) und die Gemeinde zu bekämpfen.

Seine Angriffe haben zwei hauptsächliche Stoßrichtungen: einerseits wendet er sich gegen einzelne Gläubige und versucht sie (Apg 5,3; 1Thes 3,5), verklagt sie (Offb 12,10), verfolgt und tötet sie (Offb 2,10; 1Petr 5,8), behindert sie (1Thes 2,18), versucht, sie zu Fall zu bringen (Eph 6,10-20) und sie durch Irrlehren zu betrügen, indem er seine Agenten, die die Gestalt von Dienern der Gerechtigkeit annehmen, in die Gemeinde einschleust (Mt 13,38-39; 2Kor 11,13-15). Wegen Satans Kampf gegen alle Christen werden sie ermahnt, Leiden als gute Streiter Jesu Christi zu erdulden (2Tim 2,3-4), die ganze Waffenrüstung Gottes anzuziehen (Eph 6,10-18) und Satan zu widerstehen (Jak 4,7; 1Petr 5,8-9). Mit anderen Worten, Gott geht zum Gegenangriff über, indem er die Christen entsprechend ausrüstet und unterweist.

Andererseits bekämpft Satan die Gemeinde als Organisation. Schon kurz nach ihrem Entstehen versuchte Satan, die noch junge Kirche durch Verfolgungen zu vernichten. Obwohl die Gemeinde am Anfang nur aus Juden bestand, wurde sie von jüdischen Feinden des Evangeliums angegriffen. Die Apostel wurden eingekerkert (Apg 4-5; 12), Stephanus wurde gesteinigt (Apg 6,8-7,60), Jakobus, der Bruder des Johannes, mit dem Schwert hingerichtet (Apg 12,2) und Jakobus, der Halbbruder Jesu, mit einer Keule erschlagen.[53]

Die frühe Phase der jüdischen Verfolgung wurde von einem jungen Juden namens Saulus geplant und durchgeführt. Er wütete schrecklich gegen die Gemeinde (Apg 8,1-3; 9,1-2). Gott beendete diese vom Teufel inspirierte Verfolgung, indem er Saulus auf der Straße nach Damaskus zum Christentum bekehrte, als er gerade unterwegs war, um auch dort Christen zu verfolgen (Apg 9,1-22). Aus Saulus wurde Paulus, der große Heidenapostel (Apg 13,9; 9,15), und aus dem größten Gegner des Evangeliums sein wichtigster Verfechter. Einige Zeit nach Saulus' Bekehrung übernahm Herodes Agrippa die führende Rolle in der Christenverfolgung, aber Gott griff auch hier ein und verursachte seinen vorzeitigen Tod (Apg 12,1.21-23).

Satan bekämpfte die Gemeinde also von außen durch Verfolgung; gleichzeitig versuchte er, sie von innen durch falsche Lehren zu schwächen. Irrlehrer unterwanderten die Gemeinde mit Häresien wie Gesetzlichkeit, Gnostizismus und Antinomismus (Apg 20,29-30). Gott bekämpfte diese ersten Schritte hin zum Abfall durch die Lehren und Schriften der Apostel (Gal; Kol; 1 und 2Jo; Jud) und durch die Entscheidungen der Apostel und Ältesten beim Konzil in Jerusalem (Apg 15).

## Die Verfolgungen durch die Römer

Den jüdischen Verfolgern gelang es nicht, die Gemeinde zu vernichten. Tatsächlich war es sogar so, dass die Gemeinde umso stärker wuchs, je mehr sie verfolgt wurde (Apg 8,1.4-8.25.40; 11,19-21; 12,24; 13,49). Um sein Ziel der totalen Vernichtung bzw. des Abfalls doch noch zu erreichen, wandte sich Satan an die größte Militärmacht der Welt – das Römische Reich.

Nero (54-68 n. Chr.) war der erste römische Kaiser, der die Gemeinde verfolgte.[54] Er benutzte Christen als lebende Fackeln, um nachts seine Gärten zu erleuchten.[55] Außerdem wurde unter seiner Herrschaft Paulus hingerichtet und der Überlieferung zufolge auch Petrus mit dem Kopf nach unten gekreuzigt.[56]

Vor 250 n. Chr. flammten die römischen Verfolgungen meist nur vereinzelt auf und waren örtlich begrenzt,[57] aber danach umfassten sie immer öfter das ganze Reich.[58] Den Christen wurde befohlen, den Kaiser und heidnische Götter anzubeten.[59] Für Gottes Kinder bedeutete eine solche Anbetung die Untreue gegenüber Gott, und als viele Christen den Gehorsam verweigerten, erhob die Regierung die völlige Auslöschung der Kirche und ihrer Schriften zum Staatsziel.[60] Satan war fest entschlossen, neben Gottes Volk auch sein Buch zu vernichten, in dem seine eigene Niederlage vorhergesagt wurde. Die grausamen Verfolgungen und Hinrichtungen wurden systematisch durchgeführt, und Tausende starben als Märtyrer.

Gott aber benutzte diese Verfolgungen zu seinem eigenen Vorteil. Wieder wuchs die Gemeinde umso mehr, je stärker sie verfolgt wurde. Sie wuchs sogar so sehr, dass Tertullian, einer der damaligen Kirchenführer, schrieb, dass das Blut der Märtyrer der Same der Kirche sei.[61]

## Der Abfall der Kirche

311 n. Chr. erließ Kaiser Galerius ein Toleranzedikt.[62] 313 n. Chr. gewährte Konstantin der Große den Christen im Mailänder Edikt Religionsfreiheit,[63] ab 324 n. Chr. wurde das Christentum offiziell vom Staat gefördert.[64] 380 n. Chr. schließlich wurde es von Kaiser Theodosius I zur einzig erlaubten Staatsreligion erhoben.[65] Jetzt begann die Regierung mit der Verfolgung anderer Religionen.

Zunächst schien es, als habe die Kirche mit dem Übergang vom Status der Verfolgten zur alleinigen Staatsreligion einen enormen Sieg errungen. Aber im Laufe der Zeit zeigte sich, dass dieser „Sieg“ eher einer ansprechend verpackten Niederlage glich. Satan erkannte, dass die enge Verbindung zwischen Kirche und Staat eine goldene Gelegenheit bot, die Gemeinde mit Irrlehren zu überschwemmen. Als das Christentum zur einzigen erlaubten Religion wurde, wurden die Ortsgemeinden von großen Massen von Heiden förmlich überrannt, die „Christen“ werden wollten. Diese Heiden stellten fest, dass die Anbetung in den Gemeinden sich stark von dem unterschied, was sie aus ihren Tempeln kannten. Während sie vor Bildern ihrer Götter, Göttinnen und Nationalhelden niedergefallen waren und angebetet hatten, gab es in den Kirchen keine Bilder. Bei den Heiden gab es eine Göttin, die sie als Himmelskönigin verehrten; außerdem feierten sie zahlreiche heidnische Feste, es gab blutige Opfer und eine Priesterschaft. In der Gemeinde gab es nichts von alledem, und wegen dieser Unterschiede schien den Heiden das Christentum bedeutungslos.

Die Christen fürchteten, dass sie die Heiden niemals für Jesus erreichen könnten, solange die Kirche für sie unattraktiv blieb. Deshalb versuchten sie, die heidnischen Praktiken zu christianisieren und dann in die Kirche zu integrieren. Statt der Bilder von Göttern, Göttinnen und Nationalhelden stellten sie Abbildungen von Aposteln und Märtyrern auf. Die Verehrung von Maria als Himmelskönigin ersetzte die Anbetung der heidnischen Göttin. Das Abendmahl wurde von einem Gedächtnismahl zu einem Opfer, Älteste waren nicht mehr Lehrer, sondern Priester, und heidnische Feste wurden in Form spezieller Feiertage in den Kalender der Kirche aufgenommen.[66]

Zunächst schien es, als sei es richtig, die Methoden von Satans Reich zu übernehmen, um die Bürger dieses Reiches zu erreichen. Die Mitgliedschaft der einzelnen Ortsgemeinden stieg, als Heiden sich zum Christentum bekannten, nachdem es für sie ansprechender geworden war. Aber nach einiger Zeit zeigte sich, dass die meisten dieser Menschen im Herzen Heiden geblieben waren – christianisierte Heiden zwar, aber immer noch Heiden. Im Endeffekt wurden die Gemeinden größtenteils heidnisch, was Praktiken und Mitglieder betraf. Im Laufe der Zeit „strebten ehrgeizige, weltliche, skrupellose Männer kirchliche Ämter an, um dadurch gesellschaftlichen und politischen Einfluss zu gewinnen."[67] In Westeuropa wurde die Kirche zu einem monströsen religiös-politischen Apparat aufgebaut, der nach und nach die Herrschaft im Staat an sich riss.[68] So war die mittelalterliche Amtskirche nicht durch wahres, biblisches *Christentum* gekennzeichnet, sondern durch „eine mehr oder weniger korrupte *Hierarchie*, die die europäischen Staaten kontrollierte."[69]

Als die kirchlich organisierte Christenheit immer mehr abfiel, wurde sogar das Evangelium verdreht. Die Schrift und die Apostel lehrten, dass Erlösung allein aus Gottes Gnade durch den persönlichen Glauben an die Person und das Werk Jesu Christi geschieht (Röm 4,1-5,2; Gal 2,15-16; Eph 2,8-9). Als das Heidentum in die Kirche eindrang, wurde dem Evangelium die heidnische Idee hinzugefügt, dass für die Erlösung menschliche Werke erforderlich sind. Dadurch blieb jahrhundertelang einer großen Zahl Menschen der einzige Weg zur Errettung verborgen. Während Satan die institutionelle Kirche in den Abfall führte, veränderte er also gleichzeitig auch die Botschaft, die sie eigentlich verkündigen sollte, so dass die Bürger seines Reiches nicht in das Reich Gottes versetzt werden konnten.

Satan erkannte, dass er die Auslegung der Bibel verdrehen und wenn möglich die Bibellektüre sogar ganz verhindern musste, wenn er die institutionelle Kirche immer tiefer im Unglauben versinken lassen und das Evangelium verborgen halten wollte. 230 n. Chr. veröffentlichte Origenes, ein Kirchenführer, der stark von heidnischen Philosophien beeinflusst wurde, eine Arbeit, in der er eine allegorische Methode der Schriftauslegung vorstellte.[70] Anstatt die Worte der Bibel in ihrem gewöhnlichen, alltäglichen Sinn zu verstehen, suchten die Anhänger dieser Methode nach symbolischen, verborgenen Bedeutungen. Dabei wurde der vom Verfasser ursprünglich beabsichtigte Sinn so lange verzerrt, bis der Ausleger das fand, was er gesucht hatte.[71] Wegen Origenes' herausgehobener Position und seinem damit einhergehenden Einfluss erlangte diese Vorgehensweise in der Amtskirche großes Gewicht.

Als die Kirche immer heidnischer wurde, musste sie außerhalb der Schrift nach Rechtfertigungen für ihre Irrlehren suchen. So kam man schließlich davon ab, in der Bibel die einzige Grundlage für Glauben und Leben zu sehen. Die kirchliche Überlieferung wurde auf eine Stufe mit der Bibel gestellt, und im Laufe der Zeit wurde der Anspruch erhoben und durchgesetzt, dass die Kirche die letztgültige Quelle der Autorität sei.[72] Schließlich wurde Laien sogar verboten, die Bibel zu lesen, und die Kirche stellte sich vehement gegen die Übersetzung der Bibel in die Volkssprachen.[73]

Weil Satan die Lehre vom zukünftigen, politischen, theokratischen Reich verabscheut, war er fest entschlossen, sie aus der Kirche auszutilgen. Im Osten war die Vorstellung eines zukünftigen Reiches „bis zur Mitte des zweiten Jahrhunderts ein fester Bestandteil des christlichen Glaubens."[74] Aber gegen Ende des zweiten Jahrhunderts begannen Kirchenführer aus dem ägyptischen Alexandria, sich gegen diese Auffassung zu wenden. Sie waren von der heidnischen philosophischen Vorstellung, dass alles Körperliche böse sei, beeinflusst, und lehnten die Idee eines zukünftigen Reiches mit materiellen Segnungen als zu fleischlich und sinnlich ab.[75] Origenes' allegorische Auslegungsmethode erleichterte die Verbreitung dieser Ansicht.[76]

Dazu kam, dass sich in der Ostkirche starke antisemitische Tendenzen entwickelten. Heiden, die sich zum Christentum bekannten, wurden allem Jüdischen gegenüber immer voreingenommener. Weil der prämillenialistische Glaube an die irdische, politische Königsherrschaft des Messias das jüdische Volk seit Jahrhunderten angetrieben hatte, wurde dieser Glaube von den Heidenchristen der Ostkirche zunehmend „als 'jüdisch' und infolgedessen 'häretisch' gebrandmarkt".[77] Mit anderen Worten, der Prämillenialismus wurde wegen seiner tiefen Verankerung im Judentum mit diesem mitverurteilt. [*Der Prämillenialismus vertritt die Auffassung, dass die Wiederkunft Christi vor der Aufrichtung des 1000-jährigen Reiches stattfindet. Anm. d. Hrsg.*]

Im Westen war der Glaube an ein zukünftiges theokratisches Reich im vierten Jahrhundert noch allgemein anerkannt.[78] Er verschwand allmählich, als die Kirche mit dem Staat vereinigt wurde und zunehmend verfiel.[79] Die Schriften von Augustinus (354-430 n. Chr.), dem einflussreichsten Führer der Westkirche, führten dazu, dass der größte Teil der Amtskirche den Glauben an ein kommendes Reich verwarf.[80] In *Vom Gottesstaat* lehrte er, dass Gottes verheißenes Reich schon im gegenwärtigen Zeitalter auf der Erde besteht, dass die institutionalisierte Kirche dieses Reich darstellt, dass Satan gebunden ist, dass die Kirche schließlich die ganze Welt erobern wird und dass das Zeitalter des Königreiches bei Jesu Wiederkunft zusammen mit der Geschichte der Welt enden wird.[81,82]

Augustinus lehnte die Idee eines zukünftigen Reiches aus demselben Grund wie die alexandrinischen Führer ab.[83] Da außerdem die Lehren der Kirche zur einzigen Religion des Reiches erhoben worden waren, schien es tatsächlich, als würde sie die Welt erobern.[84] Um seine

Auffassung zu verteidigen, wandte Augustinus bei der Auslegung alttestamentlicher Prophetien über das zukünftige Reich Origenes' allegorische Methode an.[85] Seine Ansichten führten dazu, dass die Römische Kirche sich selbst als die „allumfassende Kirche" ansah, „deren Aufgabe darin bestand, alle Menschen in ihre Hürde heimzuholen."[86]

Das Aufkommen der bereits beschriebenen antisemitischen Tendenzen und die Lehre von der Amtskirche als dem von Gott durch die alttestamentlichen Propheten vorhergesagten zukünftigen messianischen Reich waren Teil eines umfassenderen Leitprogramms: Die Ersetzung Israels durch die Gemeinde. Dieser Lehre zufolge hatte Gott das Volk Israel auf ewig verworfen, als es Jesus bei seinem ersten Kommen als seinen Messias ablehnte. Gott hat in der Zukunft keine Pläne mehr mit Israel, und statt Israel ist die Gemeinde sein Volk. Damit wurde die Gemeinde zum „Israel Gottes" und erbte alle dem Volk Israel gegebenen Verheißungen. Eine solche Auslegung verdreht die klaren Aussagen der Schrift und widerspricht offenkundig Gottes Wort (1Mo 13,14-15; 15,18; 17,7-8.19; 1Sam 12,22; 2Sam 7,23-24; Jer 30,11; Röm 11,28-29).[87]

Das Eindringen heidnischer Vorstellungen in die institutionalisierte Kirche, die Verfälschung des Evangeliums, der Missbrauch und die Nichtbeachtung der Bibel, die Ablehnung eines zukünftigen theokratischen Reiches und die Vorstellung, dass die Gemeinde Israel ersetzt, all das führte dazu, dass die mittelalterliche Kirche weit von dem entfernt war, was Gott ursprünglich geplant hatte. Aufgrund des in ihren Reihen herrschenden Abfalls verschuldete die Kirche militärische Kreuzzüge gegen andere bekennende Christen, Juden und Muslime und verfolgte diejenigen, die abweichende Meinungen vertraten, durch die Inquisition.[88] Satan benutzte die mittelalterliche Kirche als Werkzeug, um Gott und sein Reich zu entehren.

## Die Bedrohung durch den Islam

Zwar war die Kirche nach dem vierten Jahrhundert in den Abfall abgeglitten, aber sie bewahrte trotzdem noch einige Grundelemente der göttlichen Wahrheit, wie zum Beispiel die Gottheit Christi. Und wenn die Bibellektüre und -auslegung auch falsch betrieben wurde, so war man doch auf eine sorgfältige Überlieferung der biblischen Schriften bedacht. Solange einzelne biblische Wahrheiten und die Schrift selbst weiter bestanden, fand Satan keine Ruhe. Er musste diese Bestandteile von Gottes allumfassendem Reich unbedingt aus der Welt schaffen.

Satan versuchte, dieses Ziel durch das Aufkommen einer neuen Religion in Arabien zu erreichen. 610 n. Chr. trat Mohammed, der Stifter des Islam, erstmals öffentlich hervor.[89] Als er 632 n. Chr. starb, bekannte sich ganz Arabien zu seinem Glauben.[90] Im Laufe der folgenden hundert Jahre eroberten seine Anhänger das Heilige Land und Syrien, den größten Teil des Oströmischen Reiches, drangen im Osten bis nach Indien vor und nahmen Ägypten, ganz Nordafrika und große Teile Spaniens ein.[91] Im größten Teil dieser eroberten Gebiete zerfiel die Kirche wegen ihrer Untreue nach und nach und verschwand schließlich ganz.

Es bestand die reale Gefahr, dass die arabischen Heere ganz Europa eroberten und in einen muslimischen Kontinent verwandelten. Gott beendete diese Bedrohung, als die Franken im Verbund mit anderen Stämmen unter Karl Martell 732 n. Chr. die Muslime bei Tours vernichtend schlugen.[92] Dadurch wurden die Kirche, die Bibel und Wahrheiten wie die Gottheit Christi vor der möglichen Auslöschung bewahrt.

## Göttliche Gegenmaßnahmen gegen den Abfall der Kirche

Vom Beginn des Abfalls der etablierten Kirche bis zur Reformation bewahrte Gott einen kleinen Überrest, der der abgefallenen Kirche Widerstand leistete. Immer wieder entstanden irgendwo in Europa Gruppen, die die Autorität der Römischen Kirche und des Papstes zurückwiesen und ihre heidnischen Glaubenssätze und Praktiken ablehnten. Sie hielten am ursprünglichen Evangelium fest, betrachteten allein die Schrift als maßgebend, ermutigten Laien zum Bibelstudium, hielten das Abendmahl als Gedächtnismahl statt als Opfer und hatten Pastoren statt Priester. Viele dieser Gruppen glaubten an ein zukünftiges, politisches, theokratisches Reich.[93] Manche von ihnen, wie zum Beispiel die Waldenser, sandten Laienevangelisten aus, die den Bürgern von Satans Reich das Evangelium predigten. Satan konnte diesen wahren biblischen Glauben und das damit einhergehende Zeugnis nicht einfach so hinnehmen und flüsterte der Amtskirche ein, solche Gruppierungen mit aller Macht zu bekämpfen. Es wurden spezielle Kreuzzüge gegen sie geführt und sie wurden durch die Inquisition verfolgt. Manche Gruppen wurden tatsächlich vernichtet. Viele Menschen wurden gefoltert, hingerichtet oder aus ihrer Heimat vertrieben und wie flüchtige Verbrecher gejagt.[94]

Gegen Ende des Mittelalters erweckte Gott verschiedene Männer, die Reformen innerhalb der Amtskirche forderten. Zu den führenden Köpfen dieser Reformbewegung gehörten John Wycliffe in England (1324-1384), Johannes Hus in Böhmen (1369-1415) und Girolamo Savonarola im italienischen Florenz (1452-1498). Wycliffe wandte sich gegen das Mönchtum und die Autorität der Römischen Kirche und des Papstes, er bekämpfte die Vorstellung, dass das Abendmahl ein Opfer ist, prangerte die korrupte Priesterschaft an und drängte auf eine Reform der Kirche nach neutestamentlichem Vorbild. Er trug maßgeblich dazu bei, dass die erste englische Bibel veröffentlicht wurde. Außerdem sandte er Laienprediger aus, die so genannten Lollarden, die aber verfolgt und schließlich vollständig unterdrückt wurden.[95]

Nachdem er Wycliffes Schriften gelesen hatte, verbreitete Hus dessen evangelische Vorstellungen in Böhmen. Seine Ansichten bereiteten der Römischen Kirche so große Probleme, dass er vom Papst exkommuniziert und zum Konzil von Konstanz vorgeladen wurde. Hus weigerte sich zunächst zu erscheinen, stimmte aber schließlich doch zu, als ihm der deutsche König Sigismund freies Geleit zusicherte. In Konstanz wurde er inhaftiert, zum Tode verurteilt und trotz der königlichen Zusage auf dem Scheiterhaufen verbrannt. Die Kirche rechtfertigte dieses Vorgehen damit, dass man Ketzern gegenüber nicht an sein Wort gebunden sei.[96]

Savonarola war ein feuriger Bußprediger, der sich gegen die Korruption in Regierung, Kirche und Gesellschaft wandte. Einmal schrieb er sogar, dass der Papst kein Christ sei. Er wurde exkommuniziert, eingekerkert, gehenkt und anschließend auf kirchliche Anordnung hin verbrannt.[97] Satan versuchte immer wieder, alle Reformbewegungen, die sich an Gottes Maßstab orientierten, im Keim zu ersticken.

## Die Renaissance

Zwischen 1350 und 1650 kam es in Europa im Zuge des Übergangs vom Mittelalter zur Moderne zu großen kulturellen Umbrüchen.[98] Es entstand ein neues Interesse für die klassische griechische und römische Literatur und Kunst sowie allgemein für die Wissenschaft. Diese Wiedergeburt der Antike wird als Renaissance bezeichnet.

Satan versuchte, die Renaissance dazu zu benutzen, die Gedanken der Menschen ganz von Gott abzuwenden. In Südeuropa entwickelte sich die Bewegung zu einem weltlichen, skeptischen Humanismus, in dem der Mensch anstelle Gottes im Mittelpunkt stand. Zwar hielten die Menschen weiterhin die kirchlichen Rituale ein, aber „es bestand die Tendenz, Gottes Ansprüche an jeden Einzelnen im Alltagsleben zu vergessen."[99] Selbst die Päpste waren damals mehr an Kultur als an geistlichen Dingen interessiert.[100]

Gott hatte vor, die Renaissance zu gebrauchen, um Europa auf die bevorstehende Reformation vorzubereiten. Deshalb entwickelte sich die Bewegung in Nordeuropa zu einem religiös geprägten Humanismus. Dort interessierten sich die Gelehrten mehr für die jüdisch-christliche Vergangenheit als für die klassische Antike. „Ihr Wissensdrang richtete sich eher auf den Menschen als ein Wesen mit einer Seele als auf den Menschen als vernunftbegabte Kreatur."[101] Sie lasen die biblischen Manuskripte in den Ursprachen, wandten humanistische Methoden auf das Studium der Schrift an, werteten die historisch-grammatische Auslegung gegenüber der allegorischen auf, erstellten Grammatiken und Wörterbücher der biblischen Sprachen und brachten das griechische Neue Testament im Druck heraus. Die

Erfindung des Buchdrucks mit beweglichen Lettern im Jahre 1455 ermöglichte die leichtere, schnellere und billigere Vervielfältigung und Verbreitung der Bibel und der Schriften der Reformatoren.[102] All diese Entwicklungen öffneten den Menschen die Augen dafür, wie sehr sich die zeitgenössische Kirche von ihrer neutestamentlichen Grundlage entfernt hatte.[103]

In der Renaissance entstand eine starke Mittelschicht und die ersten Ansätze eines Nationalbewusstseins keimten auf. Auch diese Entwicklungen benutzte Gott, um Europa auf die Reformation vorzubereiten. Die Menschen reagierten nun mit Unwillen darauf, dass ein ausländischer Papst ihrer nationalen Kirche vorstand, ihre kirchlichen Führer ernannte und Steuern von ihnen einzog, um seinen Lebensunterhalt zu finanzieren und in Rom prächtige Kirchen zu bauen. Es ärgerte sie, dass der päpstliche Klerus nicht ihren nationalen Gesetzen und Gerichten unterstand und dass Rom ihren Regierungen die Politik vorschrieb, die sie zu befolgen hatten.[104]

## Die Reformation

Gottes wichtigste Gegenmaßnahme gegen den Abfall der etablierten Kirche bestand in einer neuen geistlichen Bewegung, die unter der Bezeichnung Reformation bekannt wurde. Man kann diese Bewegung in verschiedene Phasen einteilen. Sie begann 1517 in Deutschland, als der Katholik, Augustinermönch und Professor Martin Luther sich öffentlich gegen die falschen Lehren und Praktiken der Kirche wandte. Luther forderte Reformen, aber die Kirche schenkte dem keine Beachtung. Stattdessen wurde er verurteilt und mit dem Bann belegt, außerdem verlangte die Kirche seine Auslieferung nach Rom, um ihn dort vor Gericht zu stellen. Infolge des neu erwachten Nationalbewusstseins stellten sich viele deutsche Fürsten hinter Luther und schützten ihn, wodurch letztlich die Entstehung der lutherischen Kirche möglich wurde. Auf dem Reichstag in Speyer (1529) wurde Luthers Lehre verdammt, außerdem wurden anti-lutherische Bestimmungen getroffen, wogegen die evangelischen Fürsten Protest einlegten. Von diesem

Zeitpunkt an wurden sie und alle anderen, die Reformen der abgefallenen Kirche forderten, als Protestanten bezeichnet.[105]

Die Reformation war von Deutschland ausgegangen, gewann aber bald auch in der Schweiz Anhänger. Huldrych Zwingli reformierte die Kirche im Kanton Zürich, Johannes Calvin begründete die reformierte Kirche in Genf.[106] Die Täuferbewegung entstand und verzeichnete in Deutschland und der Schweiz unter Männern wie Grebel, Manz und Hubmaier regen Zulauf.[107]

Dänemark, Schweden und Norwegen nahmen den lutherischen Glauben an.[108] In Frankreich wandten sich einzelne Gruppen dem Protestantismus zu und wurden unter der Bezeichnung Hugenotten bekannt.[109] In den nördlichen Niederlanden bekannten sich die meisten zur reformierten Kirche, aber es gab auch eine beträchtliche Minderheit, die der Täuferbewegung nahe stand, sich selbst aber als Mennoniten bezeichnete.[110] Durch die leidenschaftlichen Predigten John Knox' schloss sich Schottland der reformierten Kirche an.[111] Als Heinrich VIII die englische Kirche von Rom löste, begann auch dort die Reformation.[112]

In der protestantischen Reformation wurden drei neutestamentliche Wahrheiten besonders betont:

Erstens die Rechtfertigung allein durch Glauben. Die heidnische Vorstellung, dass menschliche Werke zur Erlösung notwendig sind, wurde verworfen, und das ursprüngliche, reine Evangelium wurde erneut verkündet.

Zweitens das Priestertum aller Gläubigen. Die Reformer machten mit der tiefen Kluft ein Ende, die in der katholischen Kirche zwischen Klerus und Laien bestand. Sie betonten die neutestamentliche Vorstellung, dass jeder Christ vor Gott ein Priester ist und deswegen das Vorrecht hat, die Sakramente [*Taufe und Abendmahl; Anm. d. Hrsg.*] zu spenden und die Bibel zu lesen.

Drittens die Vorstellung, dass die Bibel die letzte Autorität in allen Glaubens- und Lebensfragen hat, und nicht die Kirche.[113]

# 6

# Der Konflikt von der Gegenreformation bis zur Philosophie Ritschls

## Die Gegenreformation

Durch die Entstehung und weite Verbreitung des Protestantismus sah sich Satan vor eine doppelte Aufgabe gestellt. Erstens musste er um jeden Preis verhindern, dass die Amtskirche sich geschlossen der neuen Lehre zuwandte. Zweitens musste er den Protestantismus irgendwie wieder beseitigen, weil dort viele Irrlehren zurückgewiesen und das wahre Evangelium gepredigt wurde. Um diese Aufgaben zu lösen, benutzte Satan eine neue Welle religiösen Eifers, von der die Römische Kirche als Reaktion auf die Reformation erfasst wurde. Die rege Aktivität, die sie daraufhin entfaltete, wurde unter der Bezeichnung Gegenreformation bekannt.

Einen wichtigen Wendepunkt in der Gegenreformation stellt das Trienter Konzil dar, das von 1545 bis 1563 tagte. Zwar wurden dort einige wünschenswerte Reformen beschlossen, aber es wurde auch die fortdauernde Gültigkeit vieler überlieferter Lehren der Römischen Kirche festgesetzt, unter anderem: Rechtfertigung erfolgt durch Glauben plus nachfolgende Werke, die sieben Sakramente sind Gnadenmittel, das Abendmahl ist ein Opfer und die kirchliche Überlieferung hat dieselbe Autorität wie die Schrift. Zum ersten Mal erklärte die Kirche die Apokryphen als kanonisch und stellte sie der Bibel gleich. Auf dem Konzil wurden die kirchlichen Lehrsätze außerdem zu Dogmen erhoben, die für alle Kirchenmitglieder verbindlich sind.[114] Dadurch gelang es Satan, eine Rückkehr der gesamten Römischen Kirche zu neutestamentlichen Grundsätzen zu verhindern.

Im Zuge der Gegenreformation wurde der Jesuitenorden begründet, der sich ganz der Bekämpfung des Protestantismus und der Verbreitung des katholischen Glaubens verschrieb. Die Jesuiten benutzten zwar häufig unethische Methoden, aber es gelang ihnen, Polen, die südlichen Niederlande und große Gebiete Deutschlands für die Römische Kirche zurückzugewinnen. Ihre Missionare verbreiteten ihren Glauben zudem in den neu entdeckten überseeischen Gebieten.[115]

Die Römische Kirche führte außerdem den Index ein, eine Liste von Büchern, deren Lektüre den Kirchenmitgliedern verboten war. Durch den Index wurden viele Katholiken von protestantischer Literatur ferngehalten,[116] so dass es Satan gelang, die neutestamentlichen Wahrheiten vor diesen Menschen verborgen zu halten.

Nicht zuletzt spielten in der Bekämpfung des Protestantismus auch Verfolgungen eine Rolle. Regierungen, die von der Römischen Kirche kontrolliert wurden, wurde nahegelegt, den reformatorischen Glauben zu vernichten. Die spanische Krone tat sich hier im Namen der Kirche besonders hervor. Sowohl in Spanien selbst als auch in den Spanischen Niederlanden wurde die Inquisition eingeführt. Unzählige Menschen wurden gefoltert und verbrannt, viele wurden gezwungen, ihren protestantischen Glauben zu widerrufen. In den Spanischen Niederlanden richteten die spanischen Truppen ein Terrorregime auf, unter dem mindestens siebzehntausend Menschen hingerichtet wurden.[117]

In Frankreich ging der Staat von 1538 bis 1559 mit den schärfsten Mitteln gegen die Hugenotten vor, dann wurden von 1559 bis 1598 acht blutige Kriege gegen sie geführt. 1572 wurden in der Bartholomäusnacht zwischen zehn und zwanzigtausend Protestanten wegen ihres Glaubens niedergemetzelt.[118]

In England ließ Maria Tudor (1553-1558) etwa dreihundert protestantische Pastoren hinrichten und zwang die Übrigen, das Land zu verlassen.[119] Als Elisabeth I wieder eine gemäßigte Form des Protestantismus einführte, begann der Papst mit der Ausbildung von Jesuiten, die in England einen Guerillakrieg führen sollten. Außerdem überzeugte er den spanischen König davon, seine Seekriegsflotte, die „unbesiegbare" Armada, gegen England auszusenden und das Land für die Römische Kirche zu erobern.[120] Die Armada stach 1588 in See, aber infolge des seemännischen Könnens der Engländer, ungünstigen Wetters und weiterer Umstände, die menschlich nicht beeinflussbar waren, kehrte sie schmählich geschlagen wieder heim.[121] Dadurch brach Gott die Seemacht des mächtigsten Verbündeten der Römischen Kirche und stellte England als europäischen Vorkämpfer des Protestantismus auf.[122] Diese Niederlage war dem Protestantismus nicht nur in England förderlich, sondern auch in den Niederlanden, wo die spanische Macht geschwächt wurde.[123]

1609 war der größte Teil Europas in ein protestantisches und ein katholisches Lager gespalten. Aus politischen und religiösen Gründen führten die beiden Parteien den Dreißigjährigen Krieg (1618-1648) gegeneinander. Als der Krieg schließlich durch den Westfälischen Frieden beendet wurde, wurden Luthertum und Calvinismus offiziell anerkannt und die Grenzen der protestantischen und katholischen Staaten festgelegt.[124] Damit endeten die Reformationszeit und die systematische Verfolgung des Protestantismus durch die Römische Kirche. Gott hatte den Protestantismus vor der Vernichtung durch äußere Feinde bewahrt.

## Angriffe von Innen

Gleichzeitig mit seinen Versuchen, das protestantische Zeugnis vom Evangelium von außen zu vernichten, arbeitete Satan daran, die Bewegung von innen heraus zu diskreditieren und zu zerstören. Obwohl alle protestantischen Gruppierungen viele der römisch-katholischen Irrlehren verworfen hatten, schleppten viele auch noch einen Teil der kirchlichen Glaubenssätze und Praktiken mit. Die meisten Gruppierungen lehnten die Vorstellung eines zukünftigen theokratischen Reiches weiterhin ab. Sie glaubten, dass ihre Konfession das Reich Gottes auf Erden verkörpere und im Wesentlichen so aufgebaut sein sollte wie Israel zur Zeit des Alten Testaments. Das bedeutete die Einheit von protestantischer Kirche und Staat, wobei der Staat die Durchsetzung kirchlicher Vorgaben erzwingen sollte. Niemandem sollte es erlaubt sein, Glaubenssätzen anzuhängen, die der offiziellen kirchlichen Lehre widersprachen. Dies alles stand natürlich in krassem Gegensatz zur Bibel, und wegen solcher Ansichten griffen einige protestantische Gruppen auf die gleiche Taktik wie die Römische Kirche zurück – die blutige Verfolgung aller Andersgläubigen.[125] Diese satanischen Auswüchse waren ein Schandfleck für die protestantische Bewegung insgesamt.

Die Täufer wandten sich strikt gegen die Verfolgung religiös Andersdenkender. Sie verfochten die Trennung von Kirche und Staat und vertraten die Meinung, dass keine Kirche das Recht hatte, anderen ihre Glaubenssätze aufzuzwingen. Ein Grund für diese Überzeugungen lag darin, dass viele Täufer die Vorstellung ablehnten, dass die Kirche das im Alten Testament verheißene Königreich darstellt. Stattdessen glaubten sie an ein zukünftiges theokratisches Reich auf dieser Erde.

Satan versuchte, die Täuferbewegung zu vernichten und so den Glauben an ein zukünftiges Reich auszumerzen. Weil die Täufer mit manchen Lehren der übrigen protestantischen Gruppen nicht übereinstimmten, wurden sie heftig verfolgt.[126] Damit benutzte Satan die Protestanten selbst, um andere Teilbereiche des reformatorischen Glaubens anzugreifen. Zwar wurden viele Täufer getötet, aber Gott bewahrte die Bewegung als solche.

Da er diejenigen, die ein zukünftiges Reich lehrten, nicht völlig vernichten konnte, versuchte Satan, ihre Lehre zu diskreditieren.

Dazu benutzte er eine Gruppe fanatischer Täufer im westfälischen Münster, die der Vorstellung vom Reich extreme, der Bibel zuwiderlaufende Ideen und Praktiken hinzufügten. Ihre Radikalität schadete dem Glauben an ein zukünftiges Reich ungemein und führte zu weiteren Verfolgungen der Täuferbewegung durch Protestanten und Katholiken.[127]

## Der neuzeitliche Abfall

### Der Aufstieg von Rationalismus und Empirismus

Satan war es nicht gelungen, den Protestantismus zu vernichten, aber er war immer noch entschlossen, das wahre Evangelium zu beseitigen und mit dem Glauben, dass die Bibel Gottes inspirierte Offenbarung für den Menschen ist, genauso ein Ende zu machen wie mit der Hoffnung auf sein zukünftiges theokratisches Reich mit all den Segnungen, die es für die Menschen bereithält. Mit diesem Vorsatz im Hinterkopf ließ er einige neue Bewegungen entstehen, die zu einer Kettenreaktion bei der Entstehung immer neuer Irrlehren führen sollten. Diese Irrlehren würden sich auf der ganzen Welt verbreiten und auch einen großen Teil des Protestantismus beeinflussen.

Ab dem späten siebzehnten Jahrhundert entstand in Europa eine neue philosophische Strömung, die unter der Bezeichnung Rationalismus bekannt wurde.[128] Im Rationalismus wurde die Wichtigkeit des menschlichen Verstandes als Schlüssel zur Erkenntnis der Wahrheit betont und in Gegensatz zur göttlichen Offenbarung gesetzt. Der Mensch begann, die Welt als Maschine wahrzunehmen, die einzig von Naturgesetzen am Laufen gehalten wird und nicht durch göttliche Vorsehung oder gar durch Gottes direktes Eingreifen. Als das Wissen über nicht-christliche Religionen zunahm, begannen einige Philosophen mit der Suche nach einem natürlichen Gottesglauben, der allen Menschen gemeinsam ist und nicht auf der Bibel und kirchlicher Überlieferung beruht.[129]

Gleichzeitig mit dem Aufstieg des Rationalismus entstand der Empirismus. Empiristen glaubten, dass nichts als wahr gelten sollte, bevor es nicht durch wiederholte, mit den menschlichen Sinnen erfahrbare Versuche bestätigt wurde.[130] Mit anderen Worten, nur der Glaube an solche Sachverhalte ist vernünftig, die durch die wissenschaftliche Methode nachgewiesen wurden. Denkt man den Empirismus konsequent zu Ende, schließt er den Glauben an göttlich geoffenbarte Wahrheiten aus. Solche Wahrheiten beziehen sich auf geistliche Dinge, und geistliche Wahrheiten können nicht durch wissenschaftliche, mit den menschlichen Sinnen erfahrbare Versuche überprüft werden.

**Die Entstehung des Deismus**

Rationalismus und Empirismus führten zur Entstehung einer neuen Religion namens Deismus. Dieser neue Glaube kam zunächst im siebzehnten Jahrhundert in England auf und verbreitete sich im achtzehnten Jahrhundert auch in Frankreich, Deutschland und Amerika. Der Deismus könnte als natürliche Religion oder Vernunftreligion bezeichnet werden.[131] Er übernahm die rationalistische Vorstellung, dass der Lauf aller Dinge allein durch Naturgesetze bestimmt wird und dass es keine göttliche Vorsehung oder das Eingreifen einer übernatürlichen Macht gibt. Allerdings konnte er den Ursprung der Welt nicht ohne Gott erklären, und deshalb lautet eine Hauptlehre des Deismus, dass ein Gott Schöpfer und Urgrund der Welt ist, sich danach aber völlig aus der Schöpfung zurückgezogen hat und nicht mehr in den Ablauf des Weltgeschehens eingreift.[132]

Aus dieser Vorstellung wurden im Deismus mehrere Schlussfolgerungen gezogen. Erstens habe es seit der Entstehung der Welt keine göttliche Offenbarung der Wahrheit gegeben. Zweitens gebe es keine Wunder. Drittens sei die Bibel kein übernatürlich inspiriertes Buch. Viertens ist Jesus nicht der Mensch gewordene Gott.[133] Diese Schlüsse waren notwendig, weil nur so die Vorstellung vermieden werden konnte, dass Gott in die menschliche Geschichte eingegriffen hatte.

Eine andere wichtige Lehre des Deismus lautet wie folgt: Da es keine übernatürliche Offenbarung gibt, besteht die einzige Möglichkeit für den Menschen, die Wahrheit zu erkennen, darin, dass er seinen Verstand einsetzt und die wissenschaftliche Methode anwendet. Das Problem der menschlichen Sündhaftigkeit wurde im Deismus letztlich ausgeklammert. Er vertrat die Ansicht, dass der Mensch im Grunde gut sei und Vollkommenheit erreichen könne. Infolgedessen wurden ständige Fortschritte hin zu einer immer besseren Weltordnung erwartet.[134] Anders ausgedrückt erwartete der Deismus, dass die Menschheit sich selbst ein irdisches Paradies schaffen könne, ohne dass ein übernatürliches Eingreifen Gottes nötig sei. Später zeigte sich, dass dieser neue Glaube ein Vorläufer des liberalen Protestantismus war.[135]

**Göttliche Gegenmaßnahmen gegen Rationalismus, Empirismus und Deismus**

Durch Rationalismus, Empirismus und Deismus setzte Satan dem Evangelium, der Bibel und der Vorstellung von einem zukünftigen theokratischen Reich schwer zu. Aber Gott trat diesen Strömungen entgegen und bewahrte das Zeugnis von seinem Reich. In Deutschland gebrauchte er dazu im siebzehnten und achtzehnten Jahrhundert den Pietismus: Menschen mit unterschiedlichem kirchlichem Hintergrund trafen sich, um gemeinsam in der Bibel zu lesen und zu beten. Besonders betont wurde auch die Frömmigkeit im persönlichen Leben. Die pietistische Tradition beeinflusste die Herrnhuter Brüdergemeine, die aus herzlicher, eifernder Liebe zu den Verlorenen Missionare aussandte, die das Evangelium verkündeten.[136]

In England gebrauchte Gott verschiedene Erweckungsbewegungen, in denen neben anderen John und Charles Wesley eine führende Rolle einnahmen, um im achtzehnten Jahrhundert Millionen mit dem Evangelium zu erreichen. Der Dienst der Wesley-Brüder führte dabei unter anderem zur Entstehung der methodistischen Kirche und bewahrte England vor einer nationalen Katastrophe.[137] Auch in Amerika kam es Mitte des achtzehnten Jahrhunderts zu einer großen Erweckungsbewegung, als Männer wie George Whitefield und Jonathan Edwards die Massen evangelisierten.[138]

**Die Philosophien von Kant, Hegel und Schleiermacher**

Im späten achtzehnten und im neunzehnten Jahrhundert baute Satan auf dem Fundament der neuzeitlichen Irrlehren weiter, das durch Rationalismus, Empirismus und Deismus gelegt worden war. Als Baumaterial benutzte er dabei zunächst die Philosophien von Immanuel Kant, Georg Wilhelm Friedrich Hegel und Friedrich Schleiermacher.

Kant (1724-1804) behauptete, dass Wissen auf das beschränkt bleibt, was durch die menschlichen Sinne erfahrbar ist. Weil der Mensch nur das wissen kann, was er mit seinen Sinnen wahrnimmt, kann durch direkte göttliche Offenbarung kein Wissen erlangt werden,[139] ja, es gibt solche direkten Offenbarungen überhaupt nicht. Religiöse Glaubenssätze können einzig auf eine allgemeingültige Vorstellung von Pflicht bzw. Gesetz gestützt werden, die alle Menschen in sich tragen.[140] Anders ausgedrückt heißt das, dass Auffassungen über Gott und geistliche Dinge aus der im menschlichen Alltag erfahrbaren moralischen Praxis abgeleitet werden müssen.[141] Kants Philosophie schloss die Möglichkeit aus, dass die Bibel Gottes direkte Offenbarung an den Menschen ist.

Hegel, der 1831 starb, kam zu dem Schluss, dass der wahre Kern des Christentums in seinen großen Ideen liegt, nicht in den geschichtlichen Ereignissen, durch die sie entstanden sind. Im Endeffekt ist es sogar unwichtig, ob diese Ideen auf geschichtlichen Tatsachen beruhen oder nicht. Obwohl also die Ideen des Christentums aus der Bibel stammen, hängt ihre Wahrheit nicht von der geschichtlichen Genauigkeit dieses Buches ab.[142] Damit ist Hegel zufolge die Unfehlbarkeit der Bibel für ein wahres Christentum entbehrlich.

Schleiermacher (1758-1834) vertrat die Ansicht, dass der Kern wahrer Religion weder im Glauben an ein theologisches System liegt noch in der Unterwerfung unter moralische Regeln, für die ein Absolutheitsanspruch geltend gemacht wird. Stattdessen ist Religion für ihn „eine unmittelbar erfahrene Gottesbeziehung."[143] Da einzig die eigene Erfahrung zählt, werden Lehre und Handlungsmaßstäbe unwichtig. Die Bibel enthält keine göttlich inspirierten Handlungsanweisungen, sondern die menschliche Deutung menschlicher religiöser Erfahrungen. So ist die Schrift Schleiermacher zufolge nicht die letztgültige Autorität für Glauben und Leben. Diese Stellung kommt einzig der gelebten religiösen Erfahrung zu.[144]

**Die Entstehung der Bibelkritik**

Die eben beschriebenen neuen Ansichten über religiöse Autorität und das Konzept der Offenbarung ermöglichten die Entstehung der Bibelkritik.[145] Diese Bewegung trat erstmals öffentlich hervor, als Schleiermacher seine letzten Schriften verfasste.[146] In der protestantischen Wissenschaft gab man nach und nach den Glauben preis, dass die Bibel eine göttlich inspirierte, unfehlbare, irrtumslose Aufzeichnung der göttlichen Offenbarung an den Menschen ist.[147] Stattdessen übernahm man die Meinung, die Bibel enthalte die rein menschliche Aufzeichnung des menschlichen religiösen Bewusstseins.[148] Zwar fänden sich in der Bibel einige Berichte von historischem Wert, aber in ihr würden sehr verschiedene Ansichten über Gott und seinen Willen für den Menschen vertreten. Außerdem enthält sie Legenden, Erfindungen, Irrtümer und Widersprüche.[149]

Gelehrte fingen an, die Bibel nach denselben Kriterien wie andere literarische Texte zu bewerten.[150] Sie stellten die Zuverlässigkeit des Alten Testaments in Frage, insbesondere Schöpfungs- und Sintflutbericht und die Berichte über die Entstehung des Volkes Israel.[151] Einige kamen zu dem Schluss, dass die Evangelien den geschichtlichen Jesus nicht immer richtig darstellen. Deshalb wurde es notwendig, „Worte und Wesen Jesu von den Deutungen zu trennen, mit denen die Kirche später sein Leben und Werk überdeckt hatte."[152] Zukunftsbezogene Prophetien und Wunder wurden als unecht abgelehnt, und die Lehre vom zukünftigen Reich wurde entweder verworfen oder innerhalb der Denkkategorien des neunzehnten Jahrhunderts umgedeutet.[153]

Satan wusste, dass seine Rebellion und Niederlage in der Bibel geschildert werden, und er versuchte deshalb mit allen eben beschriebenen Mitteln, dieses Buch unglaubwürdig zu machen. Seine Angriffe richteten sich insbesondere gegen die Teile der Schrift, in denen sein Ursprung und der des Menschen beschrieben werden, gegen die erste Verheißung seines Falles und des Erlösers sowie gegen die Vorhersage seiner Niederlage, der Aufrichtung des theokratischen Reiches und der Wunderkräfte des Erlösers, mit denen er Satans Reich zerstören und Gottes Reich aufrichten wird.[154]

**Die zunehmende Kommerzialisierung des Alltags**

Durch den wissenschaftlichen Fortschritt kam es zu vielen neuen Entdeckungen und Erfindungen, und die industrielle Revolution ermöglichte die Massenproduktion von Waren und Gütern, so dass die Menschheit vor einer leuchtenden Zukunft mit einem noch nie da gewesenen Überfluss materieller Güter stand. Unzählige Menschen machten den Mammon zu ihrem Gott und Materialismus zu ihrer Lebensphilosophie. Satan benutzte die zunehmende Kommerzialisierung aller Bereiche des Alltags, um die Menschen so sehr mit vergänglichen Dingen in Anspruch zu nehmen, dass für die Beschäftigung mit Gott oder ihrem eigenen Schicksal nach dem Tod keine Zeit mehr blieb.[155]

**Die Geburt des Kommunismus**

Zwar brachte die stetig zunehmende Kommerzialisierung die Verheißung materiellen Wohlergehens, führte aber auch zu schweren Ungerechtigkeiten. Häufig wurden Arbeiter ausgebeutet, während sich die Arbeitgeber auf ihre Kosten bereicherten. Dies nahm solche Ausmaße an, dass es nur eine Frage der Zeit war, bis die ersten Rufe nach einer Änderung der gesellschaftlichen Verhältnisse laut wurden. Dieser Punkt war erreicht, als Karl Marx das kommunistische Manifest (1848) und *Das Kapital* (1867) veröffentlichte.

Marx vertrat die Ansicht, dass wirtschaftliche Faktoren den Lauf aller Dinge bestimmen und dass die Geschichte als Abfolge ununterbrochen ausgetragener Klassenkämpfe beschrieben werden kann. Damit ist letztlich alles eine direkte oder indirekte Folge des wirtschaftlichen Kampfes zwischen Arbeitern und Kapitalisten. Auch Religion ist ein Produkt der wirtschaftlichen Verhältnisse.[156] Kapitalisten nutzen religiöse Vorstellungen von Belohnung und Strafe im Jenseits, um die Arbeiter dazu zu bringen, ihre Ausbeutung im jetzigen Leben klaglos hinzunehmen. Damit wird Religion zum „Opium des Volkes“[157] und muss im Klassenkampf vernichtet werden.

Wegen dieser marxistischen Auffassungen bekämpfte der Kommunismus die Bibel, die Kirche und den Glauben an die Existenz Gottes und an ein Leben nach dem Tod. Auch die menschliche Sündhaftigkeit und die Wirklichkeit göttlich geoffenbarter, absoluter Moralvorstellungen wurden abgelehnt.[158] An ihre Stelle traten ein materialistischer Atheismus und die Hoffnung auf einen künftigen, vom Menschen selbst errichteten idealen Staat. Dieser Idealstaat würde in einer kommunistischen Gesellschaft verwirklicht, in der jeder entsprechend seinen Fähigkeiten Waren produziert und entsprechend seinen Bedürfnissen Güter von der Gesellschaft zugewiesen bekommt.[159] Damit hatte Satan im Kommunismus nicht nur einen Feind des Christentums, sondern auch eine falsche Hoffnung, die den Glauben an ein zukünftiges theokratisches Reich ersetzte.[160]

### Der Einfluss der Evolutionstheorie

Die Veröffentlichung von Darwins *Entstehung der Arten* im Jahre 1859 erschütterte sowohl die wissenschaftliche als auch die religiöse Welt in ihren Grundfesten. Darwin brachte Belege für die allmähliche Entwicklung allen Lebens von einfachen zu komplexen Formen vor, stellte eine vernünftige Erklärung für das *Wie* der Evolution zur Verfügung – durch natürliche Auslese bzw. das Überleben des Bestangepassten – und benutzte seine Theorie, „um die Entstehung der menschlichen Rasse zu erklären.“[161]

Im Laufe der Zeit wurde die Evolutionslehre von der Biologie auf die Religion übertragen. Die Folgen, die das für das Christentum hatte, waren unübersehbar.

Erstens war die Behauptung, dass der Mensch sich aus niedrigeren Lebensformen entwickelt hatte, ein direkter Angriff auf die biblische

Lehre von der Erschaffung des Menschen durch Gott in einem separaten Schöpfungsakt.[162]

Zweitens wurden durch die Rückdatierung der Entstehung des Menschen in eine unglaublich weit entfernte Vergangenheit Zweifel an der Wichtigkeit des jüdisch-christlichen Einflusses auf die Menschheitsgeschichte geweckt.[163]

Drittens entstand durch die Infragestellung des biblischen Berichts von Adams Fall eine neue Definition des Begriffes Sünde: im evolutionären Rahmen betrachtet ist Sünde lediglich ein Überbleibsel der tierischen Natur im Menschen.[164]

Viertens führte dieser neue Sündenbegriff zu neuen Vorstellungen bezüglich der Erlösung. Es bestand kein Bedarf mehr an einem Erlöser und seinem stellvertretenden Tod, um für die Sünden der Menschen zu bezahlen. Jesus Christus war damit nicht mehr der Erlöser, der ein Sühnopfer für die Sünden aller Menschen brachte.[165] Erlösung ist stattdessen ein allmählich ablaufender Prozess, in dessen Verlauf der Mensch lernt, seine tierische Natur zu überwinden.[166]

Fünftens stellte die Evolutionslehre das Christentum, die Bibel und die Vorstellung eines einzigen Gottes als Ergebnis der evolutionären Entwicklung des religiösen Bewusstseins der Menschheit dar.[167] Damit wird das Verhältnis zwischen Christentum und nicht-christlichen Religionen nicht mehr mit dem Gegensatzpaar absolute Wahrheit und Irrtum beschrieben. Stattdessen stellt die Vielzahl an Religionen verschiedene Stufen in der Entwicklung religiöser Vorstellungen des Menschen dar, wobei das Christentum die bisher höchste Stufe verkörpert.[168]

Sechstens kann es so etwas wie unveränderliche moralische Regeln, die für alle Menschen zu allen Zeiten verpflichtend sind, nicht geben, wenn sich Religion ständig weiterentwickelt. „Richtiges Verhalten besteht einfach aus den Handlungen, die in der jeweiligen Generation von den Mitgliedern einer Gesellschaft erwartet werden.“[169]

Unter denen, die den Evolutionsgedanken als wahr ansahen, waren mit der Zeit zwei unterschiedliche Geisteshaltungen zu beobachten. Zum einen war da Verzweiflung, zum zweiten war es unmöglich, das schreckliche Hauen und Stechen, die Vergeudung so viel Lebens, die den evolutionären Prozess kennzeichnen, mit der Existenz eines guten, souveränen Schöpfers in Einklang zu bringen.[170] So wurde ihr Glaube an Gott zerstört. Alles schien nur aufgrund von Zufällen zu existieren und fortzubestehen. Diese Menschen kamen zu dem Schluss, dass es für das Leben und die Existenz des Menschen keinen erkennbaren Sinn oder Zweck gibt.[171] Ein zeitgenössischer Evolutionist, der diese Ansicht teilt, drückte diese Haltung so aus:

> Der Mensch ist das Ergebnis eines nicht zweckbestimmten, materialistischen Prozesses, der ihn nicht beabsichtigt hat. Der Mensch war nicht geplant. Er ist ein Zustand der Materie, eine Form des Lebens, ein Angehöriger des Tierreiches und eine Art in der Ordnung der Primaten – dem ganzen Leben und tatsächlich der ganzen Materie mehr oder weniger verwandt.[172]

Andererseits führte die Evolutionstheorie im neunzehnten Jahrhundert bei vielen Protestanten zu einer optimistischen Sicht auf die Zukunft. Sie kamen zu dem Schluss, dass Gott das Leben durch evolutionäre Prozesse erschaffen hat und erhält. Das heißt, dass Gott durch natürlich ablaufende Entwicklungen wirkt und nicht durch übernatürliche Eingriffe in die natürliche Ordnung. Durch diese Ansicht wurde die Immanenz Gottes betont – die Vorstellung, dass er überall in der Natur gegenwärtig ist.[173] Die biblische Lehre, dass durch Gottes direktes Eingreifen eine perfekte Ordnung entsteht, wenn er sein zukünftiges theokratisches Reich aufrichtet, wurde abgelehnt. Als Ersatz diente die Vorstellung, dass die Welt durch menschliche Anstrengungen stetig besser wird.[174] In der Evolutionslehre hatte Satan ein mächtiges Werkzeug, mit dem er das Christentum in vielen verschiedenen Bereichen angreifen konnte.

**Gottes Gegenmaßnahmen im neunzehnten Jahrhundert**

Während Satan Gottes Reich mit fragwürdigen Philosophien, Bibelkritik, Massenkonsum, kommunistischen Ideen und der Evolutionslehre angriff, blieb Gott nicht untätig und bezeugte sein Reich auf vielfältige Weise. Im neunzehnten Jahrhundert kam es im Protestantismus zu einem beispiellosen Anstieg missionarischer Aktivitäten. Sowohl in England als auch in Amerika wurden zahlreiche Missionsgesellschaften gegründet. Von Pionieren wie William Carey, David Livingstone und Adoniram Judson wurde das Evangelium nach Indien, Afrika, China und in viele andere Länder gebracht.[175] In Amerika kam es zu einer zweiten großen Erweckungsbewegung und Anfang des Jahrhunderts zu zahlreichen kleineren Erweckungen entlang der Grenze zum noch weitgehend unbesiedelten und wenig zivilisierten „Wilden Westen".[176] Zwar lehrten einige Bibelschulen und theologische Hochschulen Irrlehren, aber Gott richtete neue auf – wie zum Beispiel Andover und Princeton Seminary – an denen die Schüler und Studenten im wahren Glauben geschult wurden.[177] Im Verlauf des Jahrhunderts investierten Männer wie Charles Finney, Dwight L. Moody und R. A. Torrey viel Zeit und Mühe in die Evangelisation der Massen.[178] Durch all dies wurden dem Reich Gottes viele Seelen hinzugefügt.

### Die Philosophie Ritschls

In der zweiten Hälfte des neunzehnten Jahrhunderts begann die Philosophie Albrecht Ritschls das protestantische Denken zu beeinflussen. Ritschl (1822-1889) stimmte mit Schleiermacher darin überein, dass jeglicher Glaube auf religiöser Erfahrung gründet, aber er teilte auch Kants Ansicht, dass religiöse Erfahrungen im Wesentlichen moralisch sind.[179] Damit hat Christentum nichts mehr mit richtiger Lehre zu tun, sondern ausschließlich mit der täglichen Lebenspraxis.[180]

Ritschl betonte Gottes Liebe so sehr, dass seine Heiligkeit und Gerechtigkeit dabei verblassten, ja gar keinen Platz mehr hatten. Dass es einen zornigen Gott gibt, stritt er sogar völlig ab, so dass er die Vorstellung von der Erbsünde und die Lehre von der ewigen Strafe für die Verlorenen verwarf.[181] Ritschl zufolge findet das Reich Gottes dann statt, wenn die Menschheit durch Handlungen der Liebe regiert wird."[182] Er glaubte, dass das Ziel der Religion in der Überwindung der menschlichen Gebundenheit an die Natur besteht.[183] Ritschls Philosophie sollte bei der Entstehung der im nächsten Kapitel beschriebenen Social-Gospel-Bewegung eine wichtige Rolle spielen.[184]

# 7

# Der Konflikt vom liberalen Protestantismus bis zur Leugnung eines persönlichen Gottes

## Fortgesetzter Abfall

### Die Grundlagen des liberalen Protestantismus

Durch das Zusammenwirken der verschiedenen Philosophien und Strömungen des neunzehnten Jahrhunderts gelang es Satan, den größten Teil des Protestantismus in den Abfall zu führen. In der zweiten Hälfte des Jahrhunderts bildete sich eine liberale Strömung im Protestantismus, die bald eine dominierende Rolle spielte und in den ersten Jahrzehnten des zwanzigsten Jahrhunderts ihren Höhepunkt erreichte.[185] Ihre Entstehung könnte als protestantische Antwort auf Anpassung an Entwicklungen im wissenschaftlichen, philosophischen, wirtschaftlichen und politischen Denken des neunzehnten Jahrhunderts beschrieben werden.[186] Anhänger dieser liberalen Strömung waren der Meinung, dass eine Umdeutung des Evangeliums nötig sei, um es in den Denkkategorien der modernen Neuzeit verständlich machen zu können.[187]

Für den größten Teil des liberalen Protestantismus sind die folgenden Prinzipien grundlegend:

Erstens gab es eine große Offenheit und ein weites Entgegenkommen gegenüber neuen Denkkategorien und auch gegenüber anderen Gruppen innerhalb des Christentums. Theologische und konfessionelle Unterschiede wurden als unbedeutend betrachtet.[188]

Zweitens war das Vertrauen in die wissenschaftliche Methode ungebrochen, und zwar nicht nur hinsichtlich der Erforschung der materiellen Welt, sondern auch in der Bibelkritik und bei Untersuchungen zur Geschichte der Religion.[189]

Drittens wurde das beharrliche Festhalten an theologischen Lehrmeinungen immer negativer gesehen. Es entwickelte sich eine zunehmende Skepsis in der Frage, ob es möglich ist, sicheres Wissen über die Welt an sich zu erlangen.[190]

Viertens war man eher darauf bedacht, Ähnlichkeiten zu betonen, als Unterschiede hervorzuheben. Liberale Protestanten begannen, nach Gemeinsamkeiten zwischen dem Christentum und nicht-christlichen Religionen zu suchen. Sie legten besonderes Gewicht auf die Immanenz Gottes und verwischten damit den Unterschied zwischen Übernatürlichem und Natürlichem und zwischen Gott und Mensch bis zur Unkenntlichkeit.[191]

Fünftens äußerte der liberale Protestantismus großes Vertrauen in die Menschheit und ihre Zukunft. Man glaubte, dass der einzelne Mensch und die Gesellschaft Vollkommenheit erreichen können.[192]

Sechstens wurde der Vorrang der eigenen religiösen Erfahrung vor der Autorität der Bibel bzw. der Kirche betont.[193]

Siebtens nahmen Jesu Vorbild und seine ethischen Lehren eine zentrale Stellung ein.[194]

Achtens gerieten zahlreiche der überlieferten protestantischen Glaubenssätze in die Kritik, viele davon wurden jetzt als unwesentlich für das Christentum betrachtet. Der Glaube musste sich dem neuen Wissen und den neuen Gegebenheiten anpassen.[195]

Neuntens war der liberale Protestantismus untrennbar mit sozialem Idealismus verflochten. Man kam zu dem Schluss, dass es in den

Aufgabenbereich der Kirche fällt, soziales Unrecht zu korrigieren und die Gesellschaftsstruktur mit dem Ideal von Gottes irdischem Reich in Übereinstimmung zu bringen.[196]

Der liberale Protestantismus entwickelte eine Theologie, die diesen Grundlagen entsprach. In der Lehre von Gott wurde seine Immanenz so stark betont, dass man praktisch von einer Einheit zwischen Gott und Welt ausging. Die klare Trennung zwischen dem unendlichen, vollkommenen Gott und der endlichen, gefallenen Welt verschwand. Stattdessen wurde behauptet, dass Gott in allen natürlich ablaufenden Vorgängen gegenwärtig ist.[197] Das große Gewicht, das auf die Immanenz Gottes gelegt wurde, beeinflusste den liberalen Protestantismus in fast allen Bereichen. Der Glaube an Wunder und die Trennung zwischen dem Übernatürlichen und dem Natürlichen wurden aufgegeben.[198] In der Lehre vom Menschen wurde der göttliche Funke hervorgehoben, den dieser angeblich in sich trägt. Es gab weder einen Sündenfall noch Erbsünde – der Mensch ist seinem Wesen nach gut.[199] In Bezug auf die Gemeinde wurde die scharfe Trennung zwischen Kirche und Welt geleugnet und als Konsequenz der Zusammenschluss der Gläubigen als unbedeutend hingestellt.[200] Wenn es um das Endschicksal des einzelnen Menschen und der Welt ging, wurde die Vorstellung einer ewigen Bestrafung verworfen und die Erfüllung im Jetzt und Hier auf Kosten der Jenseitshoffnung betont.[201] Hinsichtlich der Offenbarung führte die Vorstellung von Gottes Immanenz zu der Schlussfolgerung, dass er in jeder beliebigen Erfahrung erkannt werden kann.[202]

Von Jesus wurde – wenn auch teilweise unausgesprochen – angenommen, dass er nur ein Mensch war und sich sogar geirrt hatte. Als Mensch jedoch kam die menschliche Natur in ihm zu ihrer höchsten Entfaltung, weil er zuließ, dass Gott ihm gänzlich innewohnte. Ein Erlöser, wie ihn Paulus und die Kirche darstellten, war er hingegen nicht. Stattdessen war er der größte Sittenlehrer aller Zeiten und das erhabenste Beispiel dafür, wie ein Mensch Gott gestatten kann, fortwährend in höchstem Maße sein Verhalten zu bestimmen.[203] Was die Erlösung angeht, schloss der Immanenzgedanke die Vorstellung aus, dass Gott bei der Bekehrung innerhalb eines Augenblicks in das Leben eines Menschen tritt. Da jeder Mensch mit Gott in sich geboren wird, folgerten liberale Protestanten stattdessen, dass es bei der Bekehrung einfach darum geht, ein Kind so zu erziehen, dass es wie Jesus handelt.[204] Auch in der Frage religiöser Autorität verfolgte der Liberalismus sein eigenes Konzept: Weil Gott jedem Menschen innewohnt, liegt die letzte Entscheidungsinstanz für Glauben und Leben im Verstand, Gewissen und Gefühl jedes Einzelnen. Für den Einzelnen ist nur das maßgebend, was für ihn persönlich bedeutungsvoll ist.[205] Letztlich heißt das, dass nur die eigene Meinung zählt und dass es keine für alle Menschen verbindlichen absoluten Glaubenssätze und Handlungsmaßstäbe gibt.

**Die Entstehung der Social-Gospel-Bewegung**

Obwohl es infolge der zunehmenden Kommerzialisierung aller Lebensbereiche zu großen sozialen Ungerechtigkeiten gekommen war, war das letzte Viertel des neunzehnten Jahrhunderts von einer optimistischen Stimmung geprägt, die in den Jahren vor dem Ausbruch des ersten Weltkriegs ihren Höhepunkt erreichte.[206] Die Staunen erregenden Triumphe der Wissenschaft, das Konzept des evolutionären Fortschritts und die liberal-protestantische Vorstellung von der menschlichen Vervollkommnungsfähigkeit und Gottes immanentem Wirken in der Welt trugen gleichermaßen zu dem Glauben bei, dass ein Umbau der Gesellschaft möglich sei.[207] Die Botschaft von der Veränderung der gesellschaftlichen Bedingungen wurde so ausgiebig verkündet, dass sie schließlich unter der Bezeichnung „Social Gospel" bekannt wurde, das heißt als Evangelium bzw. gute Nachricht, mit der die Gesellschaft verändert werden sollte.

Aus dem liberalen Protestantismus kommende Vertreter der Social-Gospel-Bewegung vertraten die Meinung, dass die Kirche sich in erster Linie mit dieser Welt befassen solle.[208] Ihre Bemühungen sollten sich nicht mehr auf die Erlösung Einzelner richten, sondern auf die

Erlösung der Gesellschaft.[209] Die Kirche sollte das Reich Gottes auf der Erde verwirklichen, anstatt ein zukünftiges theokratischen Reich zu predigen, das Jesus Christus persönlich aufrichtet.[210] Dies wird möglich, wenn die komplette gesellschaftliche Ordnung in Übereinstimmung mit Jesu ethischen Lehren umgebaut wird.[211]

In ihrer Theologie betonte die Social-Gospel-Bewegung die Immanenz Gottes als die Grundlage gesellschaftlicher Einheit. Da Gott jedem Menschen innewohnt, schloss man, dass er der Vater aller ist und dass alle Menschen Brüder sind.[212] Christi Erlösungswerk wurde als Kampf gegen religiöse Scheinheiligkeit, Korruption, das politische Establishment, Ungerechtigkeit, die Zusammenrottung aufgewiegelter, gewaltbereiter Massen, Militarismus und die Spaltung der Gesellschaft in einander feindlich gegenüberstehende Klassen betrachtet.[213] Die Kirche sollte die Welt retten, nicht aus ihr gerettet werden. Damit war es Satan erneut gelungen, das wahre Evangelium zu verdrehen und eine große Zahl Protestanten von seiner Verkündigung abzuhalten.

**Göttliche Gegenmaßnahmen gegen den liberalen Protestantismus**

Während Liberalismus und die Social-Gospel-Bewegung den Protestantismus unterwanderten, stellte Gott neue Träger seines Zeugnisses in die Welt und verhinderte damit den völligen Abfall. Dazu gebrauchte er eine Vielzahl verschiedener Methoden. Zum einen erreichte er die Verlorenen durch die Evangelisationsveranstaltungen von Dwight L. Moody, R.A. Torrey und Billy Sunday. Zum anderen stärkte er die Gläubigen durch Konferenzen zur Bibel und zu prophetischen Themen, die an vielen verschiedenen Orten abgehalten wurden.[214] Diese Konferenzen halfen mit, Christen in die grundlegenden Lehren des Christentums einzuführen und ihre Hoffnung auf die Wiederkunft Jesu zur Errichtung des theokratischen Reiches zu stärken.

Zwar nahmen viele christliche Schulen die liberalen Irrlehren an, aber Gott richtete neue auf, die ihre Aufgabe weiterführten und eine solide christliche Ausbildung boten. Ein interessanter Aspekt hierbei war die Entstehung der Bibelschulbewegung: Von den 1880er Jahren bis in die ersten Jahrzehnte des zwanzigsten Jahrhunderts wurden in Städten wie New York, Chicago, Boston, Los Angeles und Philadelphia zahlreiche Bibelschulen eröffnet. Auch christliche Hochschulen wurden neu gegründet.[215]

1909 finanzierten zwei christliche Laien den Druck einer Schriftenreihe, in der die Grundlagen biblischen Christentums gegen die herrschenden Irrlehren verteidigt wurden. Die Sammlung wurde unter dem Titel *The Fundamentals* veröffentlicht und hunderttausende Exemplare an Gemeindeleiter in aller Welt versandt. Diese Bezeichnung führte dazu, dass diejenigen, die an den in den Büchern verteidigten Lehren festhielten, Fundamentalisten genannt wurden.[216] Die ebenfalls 1909 veröffentlichte Scofield-Bibel mit ihren erklärenden Fußnoten half Laien beim Verständnis der Schrift und betonte die Hoffnung auf ein zukünftiges theokratisches Reich.

Von 1918 bis 1931 traten die Fundamentalisten der beherrschenden Stellung entgegen, die Vertreter liberaler Auffassungen in einigen der größten protestantischen Denominationen innehatten, was in vielen Religionsgemeinschaften zu Kontroversen zwischen Modernisten und Fundamentalisten führte.[217] Als die Führungsgremien zahlreicher Denominationen vor dem Liberalismus kapitulierten, zogen sich viele Fundamentalisten aus diesen Organisationen zurück und gründeten neue Denominationen und interdenominationale Gruppierungen.

**Die Geburt der ökumenischen Bewegung**

Im späten neunzehnten und frühen zwanzigsten Jahrhundert kam es im Protestantismus verstärkt zu Einheitsbestrebungen. Die Gründe für diese Bewegung waren vielfältig.

Erstens waren viele über den Kontrast zwischen biblischen Aussagen zur christlichen Einheit und den vielfältigen Spaltungen und Trennungen, die den Protestantismus kennzeichnen, beunruhigt.[218]

Zweitens wurde im Liberalismus die Wichtigkeit der Theologie abgewertet.[219]

Drittens gab es den Wunsch, das Durcheinander und den Aufbau paralleler Strukturen zu beenden, zu dem es aufgrund der Zersplitterung in viele verschiedene Denominationen in der Mission gekommen war.[220]

Viertens wollten die Vertreter der Social-Gospel-Bewegung, dass die Christenheit vereint ihrer Besorgnis über die ethischen und sozialen Probleme der modernen Welt Ausdruck verleiht.[221]

Fünftens drückten junge Menschen durch eine Vielzahl von Jugend- und Studentenbewegungen ihren Unwillen über die Unterschiede aus, die die Christenheit trennten.[222]

Als Antwort auf diese Bestrebungen wurde in Amerika 1908 der Federal Council of Churches gegründet. Mit ihm sollte ein zentrales Organ für die gemeinsame Bekämpfung gesellschaftlicher Probleme geschaffen werden, außerdem sollte er den verschiedenen Denominationen eine Möglichkeit bieten, sich durch die nüchterne Erörterung von Unterschieden gegenseitig besser zu verstehen und die Zusammenarbeit in der Mission zu vereinfachen.[223] Dabei lag das Hauptgewicht zunächst auf der Zusammenarbeit der verschiedenen Denominationen im weltweiten Rahmen, weniger auf der organisatorischen Vereinigung aller Gruppierungen.[224]

**Die Entstehung der Neoorthodoxie**

Das Ausmaß und die Schrecken des Ersten Weltkriegs versetzten der Vorstellung der Social-Gospel-Bewegung von der allmählichen Vervollkommnung von Mensch und Gesellschaft einen schweren Schlag. Der Optimismus des liberalen Protestantismus schien keine Grundlage in der Realität zu haben.[225] Der Krieg hatte die menschliche Verdorbenheit und nicht das dem Menschen angeblich innewohnende Gute an den Tag gebracht. Die liberale protestantische Theologie brauchte eine Generalüberholung, und so entstand 1918 eine neue theologische Strömung im westeuropäischen Protestantismus,[226] die im Laufe der Zeit auch in Amerika Fuß fasste und den Protestantismus bis nach dem Zweiten Weltkrieg dominierte.

Die Bewegung begann als scharfe Kritik der Irrtümer der liberalen Theologie. Einige ihrer Konzepte wurden aus dem Existenzialismus übernommen, einer philosophischen Strömung des neunzehnten Jahrhunderts, die der liberalen Theologie und der institutionalisierten Kirche kritisch gegenüberstand.[227] In ihrer Theologie betonte die neue Bewegung Gottes Souveränität, Transzendenz, Zorn und Gericht ebenso wie seine Gnade und Liebe. Gott steht unendlich hoch erhoben über der Welt. Die Betonung dieser Tatsache richtete sich gegen das liberale Konzept von Gottes Immanenz.[228] Die neue Bewegung hob außerdem hervor, dass Jesus mehr war als ein Mensch. Er war der Gott, der zu den Menschen gekommen ist – wahrer Gott und wahrer Mensch zugleich.[229] Auch die Sündhaftigkeit des Menschen und seines Handelns wurde unterstrichen, und es wurde darauf hingewiesen, dass die Sünde so tief im Menschen verwurzelt ist, dass nur eine erlösende Tat Gottes sie überwinden kann.[230] Religiöse Erfahrung wurde nicht als letzte Autorität für Glauben und Leben betrachtet.[231] Man kam zu dem Schluss, dass die Kirche zwar verpflichtet ist, soziale Missstände anzuprangern, dass es aber nicht möglich ist, die gesellschaftliche Ordnung nach und nach in das Reich Gottes auf Erden umzuwandeln.[232] Diese theologischen Aussagen glichen der Orthodoxie so sehr, dass die Bewegung schließlich unter der Bezeichnung neue Orthodoxie bzw. Neoorthodoxie bekannt wurde.

Obwohl in der Neoorthodoxie häufig die gleichen Begriffe wie in der Orthodoxie verwendet wurden, wurde diesen Bezeichnungen oft eine unorthodoxe Bedeutung beigelegt. In mehreren entscheidenden Bereichen unterschied sie sich völlig vom orthodoxen, biblischen Christentum. Bezüglich der göttlichen Offenbarung behaupteten Vertreter der Neoorthodoxie, dass die letzte Autorität für Glauben und Leben nicht bei der Bibel liegt. Genau genommen hat Gott niemals Offenbarungen in Form von ausdrücklich als wahr bezeichneten Aussagen gegeben, sei es gesprochen oder geschrieben. Der Neoorthodoxie zufolge ist die letzte Autorität die Offenbarung seiner Selbst, die Gott einem Einzelnen gibt, wenn er ihm persönlich begegnet.[233] Das heißt, dass es keine göttliche Offenbarung gibt, die für alle Menschen gleich ist. Gott kann dem einen Menschen eine Sache offenbaren und einem anderen etwas anderes. Gottes Wort an einen Einzelnen besteht in dem, was Gott diesem Menschen persönlich mitteilt. Wenn also Gott zu jemandem durch einen Bibelstelle spricht, dann *wird* diese Stelle für die betreffende Person zum Wort Gottes. Wenn aber Gott zu einem bestimmten Menschen niemals durch die Bibel spricht, dann ist die Bibel für ihn auch niemals Gottes Wort.[234] Diese Auffassung beinhaltet damit, dass jemand, der durch die Natur etwas über Gott erfahren möchte, das nur dann kann, wenn Gott durch irgendeinen Aspekt der Natur zu ihm persönlich spricht. Kurz gesagt war man in der Neoorthodoxie der Meinung, dass es weder in der Bibel noch in der Natur eine objektive Offenbarung Gottes gibt.

Auch auf anderen Gebieten unterschied sich die Neoorthodoxie vom orthodoxen Christentum. Man glaubte, dass die biblischen Urschriften Irrtümer enthielten und vertrat die Meinung, dass die Berichte von Schöpfung und Sündenfall sowie vom jüngsten Gericht nicht wirklichen geschichtlichen Ereignissen entsprechen. Stattdessen sind diese Erzählungen Mythen bzw. drücken wichtige Wahrheiten, die anders nicht vermittelt werden konnten, auf symbolische Art aus.[235] Tatsächlich handelt es sich beim Sündenfall nicht um ein einmaliges vergangenes Ereignis, sondern um die Abkehr von Gott, die Teil jedes Lebens und jeder menschlichen Handlung ist.[236] In der Neoorthodoxie wurde zwar gelehrt, dass Gottes Reich durch Gott und nicht durch den Menschen aufgerichtet wird, aber seine Aufrichtung findet jenseits der Geschichte statt. Die biblische Vorstellung eines zukünftigen theokratischen Reiches ist ein Symbol, das ein Bild dafür sein soll, dass es ein göttliches Ziel der Geschichte gibt. Auf diese Art verheißt Gott den endgültigen Sieg über das Böse jenseits der Geschichte.[237]

Zusammenfassend lässt sich sagen, dass sich die Neoorthodoxie zwar zahlreichen liberalen Tendenzen entgegenstellte, andere aber auch fortsetzte.[238] Die Tatsache, dass biblische Begriffe für die Formulierung unbiblischer Konzepte verwendet wurden, machte einige der neoorthodoxen Lehren in Satans Kampf gegen Gottes Reich zu einem noch tückischeren Werkzeug als den Liberalismus.

**Die Leugnung eines persönlichen Gottes**

Satan wusste, dass eine der besten Methoden, eine beständige, sichtbare Form seines Reiches in der Welt aufzurichten, darin bestand, die Menschen zur Leugnung der Existenz seines Erzfeindes – d. h. Gottes – zu bringen. Aber wie konnte er das bewerkstelligen? Seit der Erschaffung der Welt hat Gott Offenbarungen gebraucht, um den Menschen die Augen für die Wirklichkeit seiner Existenz zu öffnen. Vor diesem Hintergrund war Satan klar, dass er den Menschen dazu bewegen musste, alle göttlichen Offenbarungen abzulehnen, wenn er sein Ziel erreichen wollte. Deshalb benutzte er seit der Epoche des Rationalismus eine philosophische Strömung und gesellschaftliche Bewegung nach der anderen, um den Menschen soweit zu bringen. Der Rationalismus verbreitete die Vorstellung, dass die Welt ganz ohne Gottes Eingreifen allein von Naturgesetzen regiert wird. Im Empirismus wurde der Glaube an geoffenbarte Wahrheiten ausgeschlossen, im Deismus die Wirklichkeit direkter Offenbarungen. Kant behauptete, dass man durch Offenbarungen kein Wissen über Gott erlangen kann. Hegel ließ Zweifel am geschichtlichen Wahrheitsgehalt der Berichte von Gottes Handeln in der Welt aufkommen. Schleiermacher erklärte die eigene Erfahrung anstelle der Offenbarung zur letzten Autorität in Glaubens- und Lebensfragen. Die Bibelkritik verwarf den Status der Bibel als unfehlbare, irrtumslose und übernatürliche Offenbarung Gottes. Die zunehmende Kommerzialisierung lenkte die Menschen von Gott und geistlichen Dingen ab, so dass ihre Aufmerksamkeit völlig von diesseitigen, materiellen Belangen in Anspruch genommen wurde. Im Kommunismus wurde der Glaube an Gott als für den Menschen schädlich dargestellt. Die Evolutionslehre stritt in ihrer reinsten Ausprägung ab, dass ein persönlicher Gott für die Erklärung der Existenz von Mensch und Welt gebraucht wird. Für Ritschl lag die letzte Autorität in der Erfahrung, nicht in der Offenbarung. Der ungeheure wissenschaftliche Fortschritt weckte die Zuversicht, dass die Menschheit ihre Probleme allein und ohne Gott lösen kann. Im liberalen Protestantismus stand man kurz davor, Gott mit der Natur gleichzusetzen. Die Social-Gospel-Bewegung behauptete, dass der Mensch Gottes Reich ohne Gottes übernatürliches Eingreifen auf der Erde aufrichten könne, und die Neoorthodoxie lehrte, dass es keine objektive Möglichkeit gibt, wie der Mensch etwas über Gott erfahren kann.

Durch all diese Bewegungen und Philosophien, die die Menschen dazu brachten, jegliche göttliche Offenbarung abzulehnen, zerstörte Satan nach und nach die Grundlage des menschlichen Glaubens an einen personalen Gott. Dieser Zerfall fand jedoch bis zum Ersten Weltkrieg nur im Verborgenen statt, äußerlich trug man noch eine fromme Maske. Deswegen bekannten sich die Menschen floskelhaft weiterhin zu Gott, obwohl sie in der Praxis oft so lebten, als existiere Gott überhaupt nicht.

Im weiteren Verlauf des zwanzigsten Jahrhunderts benutzte Satan eine stetige Folge furchtbarer Ereignisse, um den Menschen die fromme Maske immer weiter vom Gesicht zu reißen, so dass die wachsenden Zweifel an einem personalen Gott immer offensichtlicher wurden. Die Schrecken der modernen Kriegsführung, die im Ersten Weltkrieg deutlich wurden, das Versagen des Völkerbundes, den Frieden zu erhalten, das in den zwanziger und dreißiger Jahren durch die Weltwirtschaftskrise verursachte Elend, die systematische Vernichtung von sechs Millionen Juden durch Nazideutschland, die hohe Zahl der Todesopfer und die massiven Zerstörungen im Zweiten Weltkrieg, die drohende Auslöschung der Menschheit in einem Atomkrieg, Rassenunruhen, die unlösbar scheinenden Konflikte in Korea und Vietnam, abscheuliche Attentate auf wichtige gesellschaftliche und politische Führungspersönlichkeiten, die dauernden Spannungen durch die Nahostkrise, die Vorhersage katastrophaler Folgen von Umweltzerstörung und Bevölkerungsexplosion und wiederholte Versuche, ganze Völker zu vernichten – das alles veranlasste im Laufe der Zeit eine immer größere Zahl von Menschen zu der Schlussfolgerung, dass die Menschheit mit ihrer Not alleine ist. Weil der Mensch das biblische Zeugnis verworfen hat, dass seine Lage auf seine eigene Rebellion gegen Gott zurückzuführen ist, steht er vor dem Problem, „menschliches Elend, Unglück und Grausamkeit"[239] zu verstehen. Da menschliches Leid zweifellos existiert, schließt man daraus, dass es keinen guten, souveränen Gott gibt.[240] Oder, wenn es doch einen Gott gibt, hat er für die Welt und die Menschheit keinerlei Bedeutung. Damit nimmt der moderne Mensch nur die materielle Ebene allen Lebens und der Wirklichkeit wahr und die Losung wird verbreitet, dass die Vorstellung von einem personalen Gott tot sei.[241]

**Beispiele für die Gottesleugnung**

Vom Ende des Zweiten Weltkriegs bis zum Ende des zwanzigsten Jahrhunderts zeigte sich die Leugnung von Gottes Existenz oder Bedeutsamkeit in vielen verschiedenen Bereichen. Säkulare Atheisten verkündeten zuversichtlich ihre Leugnung der Existenz Gottes und versuchten sogar, jeglichen Ausdruck des Glaubens an Gott im öffentlichen Raum zu verbieten. Ein besonders trauriges Beispiel dafür ist die bekannte Atheistin Madalyn Murray O'Hair, deren unermüdlicher Einsatz schließlich dazu führte, dass der Oberste Gerichtshof der Vereinigten Staaten 1963 Bibellektüre und Gebet an öffentlichen Schulen abschaffte.

Die „Gott-ist-tot"-Bewegung der 60er Jahre war eine andere Erscheinungsform der Gottesleugnung in Großbritannien und Nordamerika. Thomas J. J. Altizer, ein Vertreter dieser theologischen Schule, behauptete, dass die Welt erst dann in das neue paradiesische Zeitalter eintreten kann, wenn die Menschheit anerkennt, dass der Gott der Bibel tot ist.[242]

Des Weiteren gab es Theologen, die zwar über Gott lehrten und schrieben, deren Gottesvorstellung aber nicht die eines personalen, göttlichen Wesens war. Zum Beispiel behauptete Paul Tillich, der am Union Theological Seminary (New York), in Harvard und an der University of Chicago lehrte und als einer der bedeutendsten amerikanischen Theologen des zwanzigsten Jahrhunderts gilt, dass Gott der unpersönliche Grund und die Quelle allen Seins ist, nicht ein tatsächlich existierendes Wesen.[243]

In den späten 70er Jahren hörte ich eine Sendung im Radio, in der ein Philosophieprofessor nach seinen Ansichten über den Ursprung des Universums gefragt wurde. Der Moderator sagte: „Ich gehe davon aus, dass Sie nicht an die Existenz eines personalen Schöpfergottes glauben." Der Philosoph antwortete: „Ganz im Gegenteil, ich glaube sehr wohl, dass es einen solchen Gott gegeben hat." Der Moderator erwiderte: „Sie sprechen in der Vergangenheit. Wollen Sie damit sagen, dass es einen solchen Gott zwar früher gegeben hat, dass er aber heute nicht mehr existiert?" Der Philosoph antwortete: „Genau, das glaube ich." Daraufhin fragte der Moderator: „Wenn es einen solchen Gott in der Vergangenheit gab, er aber heute nicht mehr existiert, wodurch ist er dann verschwunden?" Der Philosoph entgegnete: „Gott beschloss, das Universum durch den Urknall zu erschaffen. Aber als er den Urknall zündete, war er zu nahe dran und wurde getötet. So hörte er auf zu existieren, als das Universum entstand."

Gegen Ende des zwanzigsten Jahrhunderts schrieb der Göttinger Neutestamentler Gerd Lüdemann: „Mit letzter Kraft stieß ich Gott selbst in den Pfuhl hinab und wurde endlich frei. [...] Ich ziehe es daher vor, fortan eine rein menschliche Sicht von Religion zu entwickeln, ohne mich durch eine höhere Instanz, welche die Theologen Gott nennen, legitimieren zu müssen."[244]

Im zwanzigsten Jahrhundert verfassten und veröffentlichten säkulare Humanisten mehrere humanistische Manifeste. Im 1973 veröffentlichten *Humanist Manifesto II* heißt es: „Die Beweislage für die Existenz des Übernatürlichen ist unzureichend. Es ist für das Überleben und Vervollkommnung der menschlichen Rasse entweder bedeutungslos oder unerheblich. Als Nichttheisten beginnen wir beim Menschen, nicht bei Gott, und bei der Natur, nicht bei einer Gottheit."[245]

# 8

# Der Konflikt von der menschlichen Verzweiflung bis zur Globalisierung

## Die Folgen der Gottesleugnung

Die Leugnung von Gottes Existenz oder Bedeutsamkeit, die aus der Ablehnung der göttlichen Offenbarung resultierte, hat zu tief greifenden Veränderungen mit unabsehbaren Folgen für die Gesellschaft und die Welt insgesamt geführt.

**Menschliche Verzweiflung**

Erstens entstand bei vielen Menschen ein Gefühl der Verzweiflung, das sich seit den letzten Jahren des Ersten Weltkriegs bis zum Ende des zwanzigsten Jahrhunderts in Kunst, Literatur, Musik, Philosophie und einigen Spielarten der Theologie Bahn brach. Gott hat den Menschen mit dem Bedürfnis nach einer persönlichen Beziehung zu ihm geschaffen, und letztlich hat sein Leben nur dann wirklich Bedeutung und Sinn, wenn dieses Bedürfnis erfüllt wird. Die Leugnung eines persönlichen Gottes, der den Lauf der Geschichte lenkt und zu einem guten Ende bringt, hat im Menschen eine geistliche Leere verursacht. Man kam zu dem Schluss, dass die Geschichte und das eigene Leben keinen positiven Sinn und kein Ziel haben. Wissenschaft und Materialismus ist es nicht gelungen, einen befriedigenden Ersatz für einen personalen Gott bereitzustellen – einen Ersatz, der dem menschlichen Leben einen wirklichen Sinn gibt und die Todesfurcht lindert.[246] Während sich die Gesellschaft in Unordnung und Konflikten aufzulösen scheint, haben die Menschen den Eindruck, als ob alles nur aufgrund von sinnlosen, blinden Zufällen existiert und geschieht. Ihre ganze Existenz scheint sinn- und zwecklos.

Die menschliche Reaktion auf diese Hoffnungslosigkeit besteht in dem verzweifelten Versuch, in einer Vielzahl nichtiger Dinge Erlösung oder Bedeutung zu finden: Alkohol, Materialismus, mediale Dauerberieselung, Unzucht, Ehebruch, Homosexualität, Lesbianismus, Drogen, Hexerei, Spiritismus, Teufelsanbetung, andere Formen des Okkulten, Astrologie, östliche Mystik, transzendentale Meditation, Yoga, bestimmte Musikrichtungen, New-Age-Lehren und falsche Religionen. Satan stellt diese und andere Mittel zur Verfügung, um die Leere zu füllen und die Menschen in seinen Einflussbereich zu bringen. Wenn Einzelne erkennen, dass nichts davon das Bedürfnis nach Sinn und Bedeutung wirklich erfüllt, begehen manche in einem Gefühl der Sinnlosigkeit Selbstmord. Die Leugnung eines persönlichen Gottes führt den Menschen dazu, folgende Botschaft zu verkünden: „Nichtigkeit der Nichtigkeiten, alles ist Nichtigkeit!“ (Pred 1,2).

### Die Leugnung absoluter moralischer Normen

Die Leugnung von Gottes Wirklichkeit oder Bedeutung hat dazu geführt, dass die Existenz absoluter moralischer Normen, die für alle Menschen zu allen Zeiten bindend sind, ebenfalls geleugnet wird. Wenn es keinen persönlichen Gott gibt, der den Menschen seine immer und überall geltenden moralischen Normen geoffenbart hat, der den Einzelnen für sein Handeln zur Verantwortung zieht und in der Zukunft ein Gericht abhalten wird, dann, so folgert der Mensch, kann es auch keinen moralischen Standard geben, dem sich alle Menschen unterwerfen müssen. Die überkommenen Moralvorstellungen müssen in der Vergangenheit von Menschen entwickelt worden sein, aber die Verhältnisse, die zu ihrer Entstehung führten, haben sich inzwischen geändert. Wenn der Mensch der Urheber dieser Normen war, dann hat er auch das Recht, sie abzulehnen, zu verändern oder zu ignorieren. Moralvorstellungen sind relativ, nicht absolut, und hängen vom Standpunkt und den Lebensumständen des Einzelnen ab. Im *Humanist Manifesto II* heißt es: „Wir bekräftigen, dass moralische Werte ihren Ursprung in der menschlichen Erfahrung haben. Ethik ist autonom und situationsabhängig und muss nicht theologisch oder ideologisch sanktioniert werden."[247]

Aus einflussreichen Kreisen verlautete, dass die Ablehnung absoluter moralischer Normen positive Auswirkungen hat. In den 1960ern behauptete der im letzten Kapitel bereits erwähnte Thomas J. J. Altizer, dass die Menschheit alle in der Bibel gelehrten Moralvorstellungen ins Gegenteil verkehren muss, weil nur so das neue paradiesische Zeitalter eingeläutet werden kann. Die moralischen Normen der Bibel bezeichnete er als „satanisch".[248] In den 1970ern vertrat Professor Charles A. Reich von der Universität Yale die Meinung, dass Dinge wie Drogenkonsum, sexuelle Freizügigkeit, Pornographie und die Missachtung produktiver Arbeit das neue paradiesische Zeitalter schneller herbeiführen könnten.[249]

Ergebnis dieses Denkens war, dass es in der Gesellschaft zu einem unglaublichen Werteverfall kam. Im Widerspruch zu den von Gott geoffenbarten absoluten moralischen Normen wird die Vorstellung abgelehnt, dass alle sexuellen Beziehungen außerhalb der Ehe zwischen Mann und Frau unmoralisch sind, und Verfechter von Gottes Wahrheit werden in zunehmendem Maße lächerlich gemacht und sogar bedroht. Es gibt Versuche, den überlieferten Ehebegriff vom Gesetzgeber umdefinieren zu lassen und die Gesellschaft zur Übernahme dieser Neukonzeption zu zwingen, die körperliche Züchtigung von Kindern und die Todesstrafe für Mörder abzuschaffen, den Familienbegriff abzuschaffen oder umzudefinieren und die Verbreitung von Pornographie und Kinderpornographie zu rechtfertigen. Die Tötung ungeborenen Lebens und Abtreibungen, die sogar noch während der (künstlich eingeleiteten) Geburt vorgenommen werden, wurden legalisiert. Einige betonen nachdrücklich, dass Sterbehilfe, das Klonen von Menschen und die Zerstörung lebensfähiger menschlicher Embryonen für die Stammzellenforschung keine moralischen Probleme aufwerfen. Scheidungen, Alkoholmissbrauch, die Geburt unehelicher Kinder und öffentlicher Drogenkonsum sind heute weit verbreitet. Eine unanständige Ausdrucksweise, schamlose Kleidung, die öffentliche Zurschaustellung von Nacktheit, Stehlen, Lügen, Betrügen und sogar sadomasochistischer Sex finden immer mehr Akzeptanz. Nachsichtigkeit und Disziplinlosigkeit sind an der Tagesordnung. Die Grundlagen der Gesellschaft geraten durch diesen Sittenverfall in Gefahr. Ein Informatiker, der selbst Opfer von Gewalt wurde, fragt, „wie Amerika so schnell von einer stabilen und geordneten Welt in das jetzige Chaos aus Vaterlosigkeit, unehelichen Kindern, Scheidung, Gewalt, Kriminalität und dem Verlust sämtlicher moralischer Grenzen abgleiten konnte."[250]

Gott schuf den Menschen (Mann und Frau) in seinem Bild (1Mo 1,26-28) und gab ihm damit größere Würde als jedem anderen irdischen Lebewesen. Werden die göttliche Offenbarung und Gott selbst abgelehnt, verliert der Mensch durch seine Unmoral diese Würde. Während er seine „Freiheit" auf moralischem Gebiet rühmt, wird er zum Sklaven seiner Begierden.

Der moderne Werteverfall ist eine Wiederholung dessen, was in früheren Zeiten die Heiden erlebten. In beiden Fällen ist er das Ergebnis der willentlichen Ablehnung der göttlichen Offenbarung und des wahren, lebendigen Gottes. Römer 1,18-32 zeigt, wie Gott die Heiden richtete, als sie die göttliche Offenbarung und Gott selbst vorsätzlich verwarfen und falsche Religionen ersannen: Er gab sie in Unreinheit, schändliche Lüste und eine lasterhafte Gesinnung dahin, was zu einem Zusammenbruch von Moral, Ordnung, Höflichkeit und Anstand in der Gesellschaft führte. Daraus wird ersichtlich, dass eine Gesellschaft, die diese Art von Zusammenbruch erlebt, aufgrund der vorsätzlichen Ablehnung Gottes und seiner Offenbarung unter einer Form des göttlichen Gerichts steht.

### Die Leugnung einer objektiven Wahrheit

Die Leugnung von Gottes Existenz oder Bedeutung hat zu der Schlussfolgerung geführt, dass es auch keine objektive Wahrheit gibt, die für alle Menschen gilt. Die Schrift verkündet, dass der Gott der Bibel der „Gott der Wahrheit" ist (Ps 31,6; Jes 65,16) und dass auch die Offenbarung, die er der Menschheit gegeben hat, Wahrheit ist (d.h. die Wirklichkeit so beschreibt, wie sie tatsächlich ist) (Ps 119,160; Joh 17,17; 2Tim 2,15). Angesichts dessen führt die Leugnung von Gottes Existenz zu der Einschätzung, dass es keine Summe unumstößlicher Wahrheiten gibt, die außerhalb des Menschen existiert und ihm von einer anderen Instanz mitgeteilt wurde. Jeder entscheidet für sich selbst, was für ihn Wahrheit ist. Was für eine Person wahr ist, muss für eine andere nicht auch wahr sein. Damit wird der Wahrheitsbegriff subjektiv und relativ.

In einem im amerikanischen Original 1969 veröffentlichten Buch, das sich an Lehrer staatlicher Schulen richtet, wird festgestellt: „Wir wissen jetzt, dass jeder Mensch sich seine einmalige Welt schafft, dass er und nur er die Realität erzeugt, die er überhaupt erkennen kann. [...] Unter anderem bedeutet dies, dass kein Mensch irgendeiner Sache absolut gewiss sein kann. Alles, was einer tun kann, ist zu sagen, wie eine Sache für *ihn* erscheint. Der Kosmos gibt keine absoluten Beweise."[251] Außerdem ist „der Begriff der absoluten, festen, unveränderlichen „Wahrheit", besonders aus einer Perspektive, die 'gut' und 'schlecht' einander gegenüberstellt", ein „aus den Fugen geratener Begriff."[252]

### Die Leugnung eines objektiven Maßstabs für Richtig und Falsch

Die Leugnung jeder objektiven Wahrheit hat zu der Schlussfolgerung geführt, dass es keinen objektiven Maßstab gibt, anhand dessen beurteilt werden kann, ob etwas richtig oder falsch ist. Damit fehlt jegliche Berechtigung, einem anderen zu sagen, dass er falsch gehandelt hat. Zum Beispiel sollte man einem anderen niemals sagen, dass sein Lebensstil falsch ist, selbst wenn dieser Lebensstil einen vorzeitigen Tod zur Folge haben könnte. Und man sollte auf gar keinen Fall Teenagern beibringen, dass sie vor der Ehe keinen Sex haben sollten. Niemand hat das Recht, anderen seinen eigenen Maßstab von Richtig und Falsch aufzudrängen.

Für diese Leugnung einer objektiven Wahrheit und eines objektiven Maßstabs für Richtig und Falsch wird in Unterrichtseinheiten zur so genannten „Wertklärung“ an Schulen und Hochschulen genauso geworben wie in den Medien und im Internet, durch verschiedene Veröffentlichungen, in manchen Musikrichtungen und durch die Unterhaltungsindustrie.

In den 1970ern zeigte mir ein ehemaliger Beschäftigter der staatlichen Schulverwaltung ein Textbuch, das in der sechsten Klasse zur „Wertklärung“ eingesetzt wurde. Direkt auf dem Innendeckel prangten drei riesige Symbole – ein Hakenkreuz, ein christliches Kreuz und das Hammer-und-Sichel-Emblem des Kommunismus. Unter diesen Symbolen stand die Frage: „Welches ist richtig?“ In der ersten Hälfte des Buches wurde die Ansicht vertreten, dass niemand mit Berechtigung sagen kann, dass eines davon richtig oder falsch ist, eben, weil es keinen objektiven Maßstab gibt, anhand dessen dies beurteilt werden könnte. In der Mitte des Buches stand ein Auszug aus den biblischen Zehn Geboten. Die zweite Hälfte des Buches ließ erkennen, dass alle, die an die Zehn Gebote als Maßstab für Richtig und Falsch glauben, den Bezug zur Realität verloren haben.

Kurz nach Beginn des zwanzigsten Jahrhunderts entdeckte der Verlag 'Scholastic Inc.', der Bücher für Kinder und Jugendliche mit pädagogischer Zielsetzung herausbringt, christliche Schulen und Eltern als Zielgruppe für Bücher zu Glaubensthemen. Einige der Bücher sind durchaus annehmbar. Aber in einem, *Conversations With God for Teens*, werden Fragen vorgestellt, die Teenager an Gott richten könnten. Der Autor schreibt dann, was Gott seiner Meinung nach antworten würde. Zum Beispiel: Teenagerfrage—„Einige meiner Klassenkameraden schummeln bei Klausuren. Sie möchten, dass ich mitmache. […] Aber irgendwie weiß ich, dass es nicht richtig ist, zu schummeln…“ Gottes Antwort—„Es gibt nicht so etwas wie »richtig« und »falsch«, wie wir schon weiter vorne gesehen haben. Es gibt in Bezug auf das, was du vorhast, nur das, was »funktioniert«, und das, was »nicht funktioniert«.“[253]

Wenn man Kindern beibringt, dass es keinen objektiven Maßstab zur Beurteilung von Richtig oder Falsch gibt, dann führt das dazu, dass junge Menschen, wenn sie aufs College kommen, nicht mehr erkennen können, dass Dinge wie Menschenopfer oder die Vernichtung von Millionen Juden im Holocaust moralisch falsch sind. Weil an vielen Colleges und Universitäten die postmoderne Leugnung jedweder objektiven Wahrheit gelehrt wird, wird dieser moralische Relativismus dort tragischerweise noch weiter bestärkt.[254]

**Zunehmende Anarchie bzw. Gesetzlosigkeit**

In der Gesellschaft ist auch eine Zunahme von Anarchie bzw. Gesetzlosigkeit zu beobachten. Dies hängt eng mit der Leugnung Gottes, absoluter moralischer Normen, einer objektiven Wahrheit und eines objektiven Maßstabs für Richtig und Falsch zusammen. Die Menschen reagieren zunehmend gereizter auf äußere Beschränkungen ihrer Wünsche und ihres Verhaltens. Wenn es keinen Gott gibt, der über die Menschen herrscht und ihr Verhalten beaufsichtigt und richtet, dann, so folgert man, haben andere Menschen oder menschliche Institutionen dazu ebenfalls kein Recht. Jeder Einzelne sollte in jedem Augenblick das tun dürfen, was in seinen Augen richtig ist.

Charles Darwin brachte diese Haltung mit folgenden Worten auf den Punkt: „Ein Mensch, bei dem kein sicherer Glaube an die Existenz eines personalen Gottes oder an ein zukünftiges Leben mit Belohnung und Strafe vorhanden ist, kann, soweit ich sehe, als Lebensregel nur haben, den Eingebungen und Instinkten zu folgen, die am stärksten sind oder ihm die besten zu sein scheinen.“[255]

Ergebnis dieser Einstellung ist, dass die Menschen mehr und mehr verwöhnten, verzogenen Kindern gleichen, die heftige Wutanfälle bekommen, wenn etwas nicht nach ihrem Willen läuft. In unserer Gesellschaft gehören Autofahrer, die auf Highways die Kontrolle über sich selbst verlieren, Passagiere, die in Flugzeugen ausrasten, Kinder, die ihre Eltern töten, Gewalt an Schulen, entlassene Arbeiter, die ihre Kollegen und Vorgesetzten umbringen und brutale Drogenkriminalität auf den Straßen, in Wohngegenden und im eigenen Heim mehr und mehr zum Alltag. Wenn es keinen objektiven Maßstab gibt, der Richtig und Falsch festlegt, auf welcher Grundlage kann dann eine Gesellschaft oder ein Einzelner zu dem Schluss kommen, dass solche gewalttätigen Handlungen falsch sind und gestoppt werden sollten?

**Ein neuer Toleranzbegriff**

Die Leugnung einer objektiven Wahrheit und eines objektiven Maßstabs von Richtig und Falsch hat eine Bewegung ausgelöst, die der Gesellschaft einen neuen Toleranzbegriff aufzwingen will. Der überholte Toleranzbegriff besagte, dass Menschen und Gruppen mit unterschiedlichen Meinungen und Lebensstilen friedlich zusammenleben sollten. Jeder hat das Recht zu glauben, dass eine gegensätzliche Meinung oder eine andere Lebensweise falsch sind, und darf diesem Glauben öffentlich Ausdruck verleihen, aber niemand hat das Recht, diejenigen, mit denen er nicht übereinstimmt, zu bedrohen, einzuschüchtern oder ihnen körperlichen Schaden zuzufügen.

Der neue Toleranzbegriff geht davon aus, dass der Glaube und freimütige Aussagen, dass eine bestimmte Meinung oder die Lebensweise einer anderen Person oder Gruppe falsch sind, einem gesinnungsgeleiteten Hassverbrechen gleichkommen, das vom Gesetzgeber unter Strafe gestellt werden sollte. Einflussreiche Interessengruppen üben Druck auf die Parlamente der einzelnen Bundesstaaten und die Regierung in Washington aus, entsprechende Gesetzesentwürfe zu verabschieden und dieses neue Konzept damit auch gesetzlich zu verankern. Da es bereits seit langem Gesetze gibt, die die Bedrohung und

Einschüchterung von Menschen oder Gruppen unter Strafe stellen, die andere Meinungen vertreten oder deren Lebensweise sich von der eigenen unterscheidet, und da auch Körperverletzung alleine schon einen Straftatbestand darstellt, sind diese Gesetzesentwürfe überflüssig. Vielmehr ist offensichtlich, dass sie sich gegen die Glaubensfreiheit und freie Meinungsäußerung richten. Werden solche Gesetze tatsächlich verabschiedet, wird der Möglichkeit Tür und Tor geöffnet, dass sich einzelne Bundesstaaten und sogar das ganze Land in einen Polizeistaat verwandeln, der denen gleicht, die in Ländern unter kommunistischer Herrschaft oder während der Inquisition entstanden waren.

In einer englischen Stadt gehen verdeckt ermittelnde Polizisten in Restaurants essen, „um auf intolerante Bemerkungen zu achten. In der ersten Woche der „Operation Serviette" wurde ein Mann wegen unannehmbarer Ausdrucksweise verhaftet. [...] Der Kolumnist und ehemalige Herausgeber der Zeitschrift *National Review* John O'Sullivan weist darauf hin, dass George Orwell (in seinem Roman *1984*) einen Staat schilderte, in dem nicht Vergewaltigung oder Raub die schlimmsten Verbrechen sein würden, sondern „Gedankenverbrechen". O'Sullivan schrieb: „Und Beweise für ein Gedankenverbrechen müssen dort gesucht werden, wo man den Gedanken einer Person am nächsten kommt: in privaten Unterhaltungen." Er merkte an, dass ein offizieller britischer Bericht letztes Jahr vorschlug, rassistische Bemerkungen, die im Familienkreis gemacht werden, unter Strafe zu stellen."[256]

Für diesen neuen Toleranzbegriff musste die amerikanische Pfadfinderorganisation einen hohen Preis bezahlen. Als ein stellvertretender Pfadfinderleiter sich öffentlich zu seiner Homosexualität bekannte, ersuchte man ihn, seine Funktionen niederzulegen. Homosexualität verletzte das Versprechen der amerikanischen Pfadfinder, sich „anständig" zu verhalten und war unvereinbar mit den Werten, die die Organisation ihren jugendlichen Mitgliedern vermitteln möchte. Diese klare Haltung führte dazu, dass United Way und viele andere Organisationen ihre zum Teil langjährige finanzielle Unterstützung beendeten. Die Pfadfinder durften sich nicht mehr in öffentlichen Einrichtungen treffen und wurden von großen Teilen der Medien an den Pranger gestellt. Zudem mussten sie ihre Haltung vor Gericht verteidigen. Der Oberste Gerichtshof des Staates New Jersey entschied einstimmig gegen sie, aber der Oberste Gerichtshof der Vereinigten Staaten sprach sich mit 5 zu 4 Stimmen zu ihren Gunsten aus. Die Vertreter der Mehrheitsmeinung schrieben in ihrer Urteilsbegründung, dass es in dem Verfahren um eine Frage der freien Meinungsäußerung ging.[257]

Der neue Toleranzbegriff hat dazu geführt, dass Firmen, Schulen, Hochschulen und viele andere Institutionen von allen Angestellten, dem Lehrpersonal und Studenten verlangen, dass sie an Schulungen teilnehmen, in denen sie für die Belange von Minderheiten, Frauen, Homosexuellen und Lesben sensibilisiert werden sollen. Er hat außerdem Auswirkungen auf die Lehrpläne an staatlichen Grundschulen. So gibt es für den Sexualkundeunterricht im Grundschulbereich Unterrichtsentwürfe, durch die Kindern vermittelt werden soll, dass Homosexualität und Lesbianismus in Ordnung und allgemein anerkannt sind. Teilweise werden detaillierte Anleitungen zu bestimmten sexuellen Praktiken gegeben, die von der Gay Men's Health Crisis Organization, einem amerikanischen Schwulenverband, zur Verfügung gestellt wurden. Die Autorin und Herausgeberin Midge Decter schrieb diesbezüglich: „Dieser Versuch, Kindern so genannte Toleranz gegenüber denen beizubringen, deren Lebensweise sich von der den Schülern von zu Hause vertrauten unterscheidet, hat zu einer Reihe pädagogischer Verbrechen an unserer Jugend geführt."[258]

**Die Frauenbewegung**

Es gibt Versuche, die besonderen Rollen und die Unterschiede in der äußeren Erscheinung aufzulösen, die Gott für die Geschlechter festgelegt hat. Dies führte zur Entstehung der Frauenbewegung.

Da sie Gottes diesbezügliche Offenbarungen ablehnen, sind säkulare Feministinnen zu dem Schluss gekommen, dass die überlieferten

Unterscheidungen, die jahrhundertelang galten, künstlich sind und in der Vergangenheit von Männern erdacht wurden, um Frauen zu unterdrücken. Da sie vom Menschen ausgehen, kann der Mensch diese Unterscheidungen ablehnen oder verändern.

Im säkularen Bereich kam es durch die Frauenbewegung zu großen Veränderungen in der Arbeitswelt. In Firmen und Unternehmen konnten Frauen in Führungspositionen aufsteigen, die früher Männern vorbehalten waren. In Regierung und Verwaltung wurden Frauen in Schlüsselpositionen in Exekutive, Legislative und Judikative berufen oder gewählt. Im Bildungsbereich leiten Frauen inzwischen Institute und Seminare, sind Mitglieder in Hochschulräten und sogar Rektorinnen von Colleges und Universitäten.

Die bereits erwähnte Midge Decter schreibt: „Sogar in ihrer maßvollsten Ausprägung fordert die Frauenbewegung, Frauen das Recht zu geben, sich von Abhängigkeiten zu befreien, indem sie Sex, Ehe, Mutterschaft und Karriere auf jede erdenkliche Art umdefinieren – so, wie es für sie selbst psychologisch und körperlich am wenigsten belastend ist."[259]

Weiterhin stellt Decter fest: „Im Idealfall würde die Bewegung die alltäglichen Beziehungen zwischen Männern und Frauen und Jungen und Mädchen mit endlosen Vorschriften belasten" und „hat es geschafft, […] dass zahlreiche Vorschriften erlassen wurden."[260] Hier zwei Beispiele: der Oberste Gerichtshof der Vereinigten Staaten hat die amerikanischen Wirtschaftsjunioren und die Rotarier gezwungen, Frauen als Mitglieder aufzunehmen.[261]

An einigen Universitäten haben feministische Dozentinnen Pläne ausgearbeitet, jede Fakultät und jede Studienordnung auf ihre „Frauenfreundlichkeit" zu überprüfen. Sie fordern, dass jedes Institut „einmal jährlich ein Seminar über Genderfragen [*Geschlechtergleichstellung, Anm. d. Hrsg.*]abhalten muss", dass alle Dozenten und Studenten „in speziellen Schulungen für die Belange von Frauen sensibilisiert werden müssen" und dass nur „frauenfreundliche" Lehrmethoden genutzt werden dürfen. In Studienordnungen dürfen Männer nicht „überrepräsentiert" sein, außerdem wird die traditionelle akademische Freiheit eingeschränkt. Dozenten, die sich dem nicht beugen wollen, sollen zur Strafe „Beförderungen, Gehaltserhöhungen und andere Vorteile“[262] verweigert werden.

Auch im militärischen Bereich hinterlässt der Feminismus seine Spuren: in der US-Armee wurden Männer und Frauen fünf Jahre lang gemeinsam ausgebildet, bevor der Versuch 1982 als Fehlschlag aufgegeben wurde. Aber 1994 kam es durch politischen Druck von feministischer Seite zu einer Wiedereinführung, was zur Folge hatte, dass die Grundausbildung so modifiziert wurde, dass „jeder durchkommt“. Dies geschah hauptsächlich „aufgrund der höheren Verletzungsanfälligkeit von Frauen und weil Frauen kaum dazu imstande waren, die alten Anforderungen zu erfüllen.“[263] Deshalb senkte das Verteidigungsministerium die Anforderungen, maß teilweise mit zweierlei Maß und definierte den „erfolgreichen“ Abschluss der Grundausbildung so um, dass die Bereiche, in denen Frauen gut abschneiden, besondere Berücksichtigung fanden. Das neue Konzept der „vergleichbaren Anstrengung“ macht es zudem möglich, dass ein weiblicher Rekrut, der körperlich nicht so leistungsfähig ist wie ein Mann, trotzdem dieselbe oder eine höhere Bewertung bekommt.[264] John Leo schreibt: „Bewertungen, die die Realität nicht widerspiegeln und der Qualitätsverlust bei der Grundausbildung sind eine Katastrophe für das Militär. Dass Frauen und Männer zusammen ausgebildet werden, hat nicht das Geringste mit Einsatzbereitschaft zu tun, dafür sehr viel mit Politik und dem Wunsch, absolute Gleichheit selbst dort zur Schau zu stellen, wo es sie weder gibt noch geben kann.“[265]

Im zwischenmenschlichen Bereich sind herabsetzende Bemerkungen über Männer inzwischen ein Alltagsphänomen. Christina Hoff-Sommers, die Autorin von *Who Stole Feminism*, weist darauf hin, dass sich im Kampf der Geschlechter eine doppelte Moral eingebürgert hat. Sie schreibt: „Früher war ein gewisses Maß an gutmütigen Neckereien zwischen den Geschlechtern normal. Heute bekommt man selbst bei der unschuldigsten Bemerkung über Frauen Schwierigkeiten, aber es gibt keinerlei Grenzen, wenn es um das geht, was man über Männer sagen darf.“[266]

Immer öfter sind witzige und auch ernst gemeinte männerfeindliche Kommentare zu hören, die kaum noch auf Widerspruch stoßen. Auch der im Fernsehen geäußerte Tipp, dass eine sitzengelassene Frau es in Erwägung ziehen könnte, gewaltsam Rache zu üben, ruft keinen Aufschrei der Empörung hervor. Gegen Männer gerichtete Grußkarten werden immer bösartiger, bis hin zu einer witzig gemeinten, auf der eine Frau zu sehen ist, die einen Mann erstickt.[267] Auch Cathy Young, Kolumnistin bei den *Detroit News*, beobachtet eine wachsende Zahl männerfeindlicher Kalender und eine immer auffälligere männerfeindliche Grundhaltung in Frauenzeitschriften.[268]

Der Anthropologe Lionel Tiger erklärt: „Die Kampagne gegen Männer, die Frauenaktivistinnen seit längerem führen, indem sie sie öffentlich verurteilen und an den Pranger stellen, ermutigt diese nicht unbedingt dazu, mehr Verantwortung zu übernehmen. Es ist eine Tatsache, dass es heutzutage nicht gerade einfach ist, ein Mann zu sein."[269] Des Weiteren schreibt Tiger, dass Frauen durch die Pille sexuelle Freiheit erlangten, weil sie sich nicht mehr durch eine Ehe lebenslang an einen einzigen Mann binden müssen. Außerdem wurden durch die Pille „die vorhandenen moralischen und religiösen Systeme infrage gestellt, die darauf ausgerichtet waren, das Sexualverhalten zu kontrollieren."[270] Zudem haben Frauen heute die Möglichkeit, Karriere zu machen und gut bezahlte Positionen zu erreichen, so dass sie für ihre Versorgung nicht mehr von einem Ehemann abhängig sind.

Das Zusammenwirken all dieser Faktoren hat dazu geführt, dass Männer „die Folgen ihrer eigenen Sexualität immer weniger kontrollieren können" und Sinn und Zweck ihrer Rolle als Mann in der Gesellschaft in Frage stellen.[271] Das wiederum hat zur Folge, dass immer mehr Männer „sich aus ihrer Rolle als Ernährer zurückziehen" und ihren Kindern keine „richtigen Väter" mehr sind, außerdem ist „die Scheidungsrate erhöht."[272] Tiger ist der Meinung, dass dieser Trend langfristig verheerende Auswirkungen auf die Jugend haben könnte. „Töchter müssen jetzt so erzogen werden, dass sie für sich selbst sorgen können", aber besonders verhängnisvoll ist diese Tendenz für die

„Erziehung von Söhnen."[273] Er weist darauf hin, dass auch der Soziologe David Popenoe diese Tatsachen in seinem Buch *Life Without Father* unterstreicht: das Buch ist „ein Plädoyer für die Wiederherstellung traditioneller Formen des Vaterseins."[274]

In der Forschung und anderen einflussreichen Kreisen setzt sich allmählich die Erkenntnis durch, dass Jungen durch die „Erfolge" der Frauenbewegung am meisten gefährdet sind. John Leo vertritt die Ansicht, dass „die schlimmsten Auswirkungen der grassierenden Männerfeindlichkeit die Jugend treffen."[275] Um seine Aussage zu erhärten, führt er Barbara Wilder-Smith als Beispiel an, eine Lehrerin und Forscherin aus dem Großraum Boston. Sie machte den Jungen in ihrer Klasse T-Shirts mit der Aufschrift „Jungs sind toll", aber alle zehn Studentinnen, deren Unterrichtspraktikum sie betreute, protestierten gegen diese Botschaft. Sie berichtete, dass viele Menschen, die ihren Sohn in dem T-Shirt sahen, „ihrem Unmut lautstark Luft machten und ihn beschimpften", aber gegen Mädchen, die abfällige Aussagen über Jungen verbreiteten, regte sich kein Widerspruch. Am schlimmsten ist aber, dass viele der männlichen Jugendlichen die T-Shirts überhaupt nicht anzogen, weil sie durch die unsere ganze Kultur durchdringende Männerfeindlichkeit davon überzeugt waren, „dass etwas ganz und gar nicht damit in Ordnung ist, männlich zu sein."[276]

Die bekannte Frauenrechtlerin Gloria Steinem forderte: „Wir müssen Jungen genauso erziehen wie Mädchen."[277] Diese Spielart feministischen Denkens hat zu Versuchen geführt, Jungen so gut es geht zu kleinen Mädchen zu machen. Unter anderem an Schulen wurde dieses Konzept auch bereits in die Tat umgesetzt. In ihrem Buch *The War Against Boys: How Misguided Feminism Is Harming Our Young Men* zeigt Christina Hoff-Sommers, dass Studien, denen zufolge Mädchen die am meisten gefährdete Gruppe in der Schule sind, zu falschen Ergebnissen kommen. Mithilfe präziser Daten weist sie nach, dass im Gegenteil Jungen diejenigen sind, die in der Schule am meisten Schutz brauchen.[278]

Pädagogen, die feministischen Idealen anhängen, haben Erziehungsmodelle, Lehrpläne und Aktivitäten ausgearbeitet, die der überschießenden Energie und dem konkurrenzorientierten Denken von Jungen völlig entgegengesetzt sind. Marvin Olasky weist darauf hin, dass es in Schulen „ein Vorurteil gegen Wettbewerb" gibt, das für die Kinder nicht folgenlos bleibt. Er schreibt: „An vielen Schulen sucht man klassische Wettkampf-Situationen vergeblich. Kein Brennball mehr. Obwohl der nationale Rechtschreibewettbewerb ein hohes Ansehen genießt, werden im Unterricht kaum entsprechende Wettbewerbe durchgeführt. An einigen Grundschulen zählt beim Basketball niemand die Punkte."[279] Der springende Punkt ist Olasky zufolge, dass dieser Ansatz völlig ignoriert, wie Jungen von Natur aus zum Lernen veranlagt sind. Abschließend stellt er fest: „Was die Vorkämpfer eines neuen Zeitalters nicht erkennen, ist, dass Freundschaften dann am schnellsten entstehen, wenn Jungen ein gemeinsames Ziel verfolgen und zusammenarbeiten, weil sie gewinnen möchten, nicht, wenn sie im Kreis sitzen und über ihre Gefühle sprechen. Außerdem entwickeln sich durch Wettbewerb Führungsqualitäten."[280] Und „die Pädagogen müssen ihre Einstellungen dementsprechend ändern, das ist die Hauptsache. Sie müssen endlich begreifen, dass Jungen sehr viel Energie haben und dass Lehrer diese Energie in sinnvolle Bahnen lenken sollten, anstatt sie zu unterdrücken. […]. Wir müssen Jungen zu Jungen erziehen."[281]

Es gibt religiöse Feministinnen, die behaupten, dass Jesu männliche Nachfolger seine Lehre umstießen, als sie „in der Kirche eine ausschließlich Männern vorbehaltene Machtstruktur"[282] aufbauten. Eine solche Haltung zieht natürlich radikale Veränderungen im theologischen Bereich nach sich.

1989 waren bereits in 84 christlichen Denominationen Frauen als Pastoren eingesetzt worden.[283] Ebenfalls 1989 wurde in der weltweiten Anglikanischen Kirchengemeinschaft die erste Frau zur Bischöfin geweiht.[284] Einige Feministinnen bezweifeln, dass eine Frau von einem männlichen Erlöser gerettet werden kann und haben ein neu gestaltetes Kruzifix eingeführt: eine nackte, ans Kreuz genagelte Frau namens Christa.[285] Einige benutzen „Schöpferin, Erlöserin und Trösterin" oder „Mutter, Geliebte und Freundin" statt der Bezeichnungen „Vater, Sohn und Heiliger Geist."[286] Ein Beobachter stellte fest: „Das Hauptziel christlicher Feministinnen [...] besteht in einer gründlichen und umfassenden Umgestaltung der Sprache, Symbole und heiligen Texte des christlichen Glaubens – und damit in einer Umgestaltung des Glaubens selbst."[287] Sie haben außerdem auf Übersetzer und Bibelverlage eingewirkt, so dass es jetzt Bibeln in „geschlechtergerechter Sprache" gibt.

Im November 1993 nahmen etwa 2.100 Frauen, darunter Theologinnen, zwei Dutzend hauptamtliche Mitarbeiter der Presbyterianischen Kirche der USA und 56 Spitzenfunktionäre der Evangelisch-methodistischen Kirche, an einer „Re-Imagining"-Konferenz teil, die „die christliche Kirche und ihre Lehre als Ursache von Rassismus, Sexismus, Klassendiskriminierung, Heterosexismus, Gewalt und Umweltzerstörung verurteilte."[288] Ein Hauptmerkmal der Konferenz waren negative Kommentare über die Namen „Jesus, Vater, Sohn und Heiliger Geist", spöttische Äußerungen über das blutige Sühnopfer Christi, ein Bekenntnis zu pantheistischen Anschauungen, die Verherrlichung lesbischer Liebe, ein Aufruf zur Neuerfindung der Familie und der Ersatz des Abendmahls durch ein Ritual, in dem Milch und Honig „unserer Schöpferin Sophia" geweiht wurden. Dabei sang die Leiterin: „Sophia, unsere Mutter, wir sind Frauen in deinem Bild." Die Menge antwortete: „Sophia, Schöpfergöttin, lass deine Milch und deinen Honig fließen, Sophia, Schöpfergöttin, überschütte uns mit deiner Liebe."[289]

Die feministische Bibelwissenschaftlerin Elizabeth Achtemeier kritisierte solche „Muttermetaphern für Gott, weil sie die nahöstlichen Fruchtbarkeitsgöttinnen wieder auferstehen lassen, denen sich die Schreiber der hebräischen Bibel entgegenstellten, als sie einen Schöpfer verkündigten, der sich in seiner Beschaffenheit von seiner Schöpfung unterscheidet."[290]

**Einheitsbestrebungen**

Die Leugnung von Gottes Existenz und der göttlichen Offenbarung der Wahrheit hat zu der wachsenden Überzeugung geführt, dass die Vereinigung der Menschheit ein erstrebenswertes Ziel ist. Im zwanzigsten Jahrhundert kämpften die Armeen zahlreicher Länder in zwei Weltkriegen gegeneinander, in denen es in großen Teilen der Welt zu Zerstörungen bis dahin unbekannten Ausmaßes und zu einer noch nie da gewesenen Zahl von Toten kam. Verschiedenste ethnische Gruppen fielen groß angelegten Völkermorden zum Opfer. Multinationale Streitkräfte intervenierten militärisch im Fernen Osten (Korea- und Vietnamkrieg), im Mittleren Osten (Golfkrieg) und in Europa (Bosnien und Kosovo). Atomwaffen und die zugehörigen Trägersysteme wurden entwickelt. Da zwei sich feindlich gegenüberstehende Supermächte über solche zerstörerischen Waffen verfügten, bestand während des Kalten Krieges die ganze zweite Hälfte des zwanzigsten Jahrhunderts hindurch die reale Gefahr, dass alles Leben auf der Erde vernichtet würde. Auch im einundzwanzigsten Jahrhundert setzt sich die tragische Geschichte der menschlichen Unmenschlichkeit gegenüber dem Menschen fort. Eine neue Art von Krieg, Terrorismus, der sich aus dem Islam speist und aus der Verpflichtung erwächst, die gesamte Menschheit zur Unterwerfung unter islamische Herrschaft zu veranlassen, bedroht die Welt.

Weil die endlosen Konflikte, die die Existenz der Menschheit gefährden, kein Ende zu nehmen scheinen, und da es angeblich keinen Gott gibt, der eingreifen und der Welt dauernden Frieden bringen kann, kommen viele zu dem Schluss, dass dann der Mensch das Problem lösen muss. Im *Humanist Manifesto II* heißt es: „Keine Gottheit wird uns retten; wir müssen uns selbst retten."[291] Weiterhin wird gefolgert, dass die einzige Möglichkeit, wie die Menschheit das allgegenwärtige Leid beenden und sich selbst vor der Vernichtung bewahren kann, darin besteht, alle Menschen in einer einzigen Gemeinschaft zu vereinigen.[292] Die Entwicklung muss hin zu einer Weltregierung und zu einer einzigen Kirche bzw. Religion gehen.[293] Alle Unterschiede in

Meinungen und Überzeugungen, die die Menschheit trennen, müssen beseitigt werden.[294]

In Übereinstimmung mit diesem Denken wird im *Humanist Manifesto II* dargelegt: „Wir bedauern die Trennung der Menschheit aus nationalistischen Gründen zutiefst. Wir haben einen Wendepunkt in der Geschichte erreicht, an dem die beste Entscheidung darin besteht, die Begrenzungen nationaler Unabhängigkeit zu überwinden und mit dem Aufbau einer Weltgemeinschaft zu beginnen, an der alle Glieder der menschlichen Familie teilhaben können. Deshalb treten wir für die Entwicklung einer weltweit gültigen Gesetzgebung und für eine Weltordnung ein, die auf einer übernationalen, föderalen Regierungsform basiert."[295] Abschließend heißt es: „Die Verpflichtung der gesamten Menschheit gegenüber ist die höchste Verpflichtung, die wir eingehen können; sie übersteigt die auf einen bestimmten Bereich beschränkte Angehörigkeit zu Kirche, Staat, Partei, Klasse oder Rasse und ermöglicht einen viel umfassenderen Blick auf die menschlichen Entwicklungsmöglichkeiten. Welches Ziel für die Menschheit könnte kühner sein, als dass jeder Einzelne im Ideal wie im täglichen Leben Bürger einer Weltgemeinschaft wird."[296]

**Vereinigte Weltgemeinschaft in Reichweite**

Angesichts solcher Aussagen ist die Feststellung interessant, dass die Welt sich tatsächlich immer schneller in ein globales Dorf verwandelt. Überstaatliche Institutionen wie zum Beispiel der Internationale Gerichtshof wurden errichtet, um über zwischenstaatliche Streitigkeiten zu entscheiden und Rechtsgutachten zu völkerrechtlichen Fragen zu erstellen. Auch die Vereinten Nationen sind gegründet worden, um ein Forum zu bieten, in dem Staaten Meinungsverschiedenheiten ohne Rückgriff auf kriegerische Handlungen lösen können. Weitere Faktoren, die die Bildung einer vereinigten Weltgemeinschaft in den Bereich des Möglichen rücken, sind Langstreckenflugzeuge, durch die die meisten Gebiete innerhalb einer Tagesreise erreichbar werden, und Telefone, Satelliten, Computer, Faxgeräte und E-Mail, die die weltweite Kommunikation zwischen Einzelpersonen, Regierungen und Firmen in Echtzeit ermöglichen. Fernsehen und Radio bringen das Weltgeschehen in Bild und Ton in jedes Haus. Die Europäische Union treibt die Vereinigung auf bestimmten Gebieten immer weiter voran, so dass es inzwischen einen einheitlichen Wirtschaftsraum und eine gemeinsame Währung gibt. Dass es letztendlich auch zu einer politischen und militärischen Vereinigung kommen wird, liegt ebenfalls im Bereich des Möglichen. Außerdem ist die immer stärker fortschreitende Internationalisierung der Wirtschaft zu nennen. Zudem könnte die Bedrohung durch den internationalen Terrorismus zur Einsetzung einer Weltregierung führen, um das Überleben der Zivilisation sicherzustellen.

Durch die zunehmende Globalisierung gerät immer mehr in den Blickpunkt, was am anderen Ende der Welt geschieht. Weil nationale Interessen immer stärker miteinander verflochten sind, kamen vom 6.-8. September 2000 ca. 150 Staats- und Regierungschefs am Sitz der Vereinten Nationen zum so genannten Millenniumsgipfel zusammen. Es handelte sich dabei um die bisher größte Versammlung politischer Führer in der Geschichte der Menschheit.[297] Die offizielle Zielsetzung des Gipfels bestand darin, die Globalisierung so zu gestalten, dass sie „alle voll mit einschließt und ausgewogen ist", und um dieses Ziel zu erreichen, sollten sich die teilnehmenden Staatsoberhäupter und ihre Nationen dazu verpflichten, die gesamte Menschheit von Not und Furcht zu befreien, die Umwelt zu schützen und die Vereinten Nationen zu erneuern.[298] Zum Abschluss des Gipfels verabschiedeten die Staats- und Regierungschefs einstimmig die *Millenniums-Erklärung der Vereinten Nationen*, die eine „Darstellung der Werte, Prinzipien und Ziele der internationalen Agenda für das einundzwanzigste Jahrhundert enthält."[299]

Satan wird versuchen, eine sichtbare, politische Form seiner Herrschaft über die ganze Welt aufzurichten, wobei die gesamte Menschheit unter einer Weltregierung vereinigt sein wird, an deren Spitze mit dem Antichristen ein mächtiger Führer steht. Dies wird während der letzten sieben Jahre vor der Wiederkunft Christi geschehen. Wie bereits gesagt, verwandelt sich die Welt rasend schnell in ein globales Dorf. Zudem lassen die bereits genannten Tendenzen erkennen, dass sich die Dinge so entwickeln, wie Satan es will: die wachsende Überzeugung, dass das Ziel der Menschheit Einheit sein sollte, dass die einzige Möglichkeit, wie die Menschheit das allgegenwärtige Leid beenden und sich selbst vor der Vernichtung bewahren kann, darin besteht, alle Menschen in einer einzigen Gemeinschaft zu vereinigen und dass eine Weltregierung geschaffen werden muss. Dadurch werden die Grundlagen gelegt, damit Satan versuchen kann, sein Ziel zu erreichen.

**Religiöser Pluralismus – die Entwicklung einer Welteinheitsreligion**

Die Leugnung von Gottes Existenz und der göttlichen Offenbarung hat zu einem weitverbreiteten religiösen Pluralismus geführt. Immer mehr Menschen vertreten die Ansicht, dass es im religiösen Bereich keine absoluten theologischen Aussagen geben kann. Da es keinen personalen Gott gibt, gab es auch niemals eine göttliche Offenbarung theologischer Wahrheiten oder überhaupt irgendeiner Religion. Alle Dogmen und Religionen stammen vom Menschen und sind deshalb ausnahmslos relativ. Die Vorstellung, dass ein bestimmter Glaube der einzig wahre ist, weil er der einzige ist, der göttlich geoffenbart wurde, muss zurückgewiesen werden. Der Ausschließlichkeitsanspruch, dass es einen einzigen wahren Gott, nur eine wahre Religion und einen einzigen Heilsweg gibt, ist nichts weiter als eine Spaltungen hervorrufende Form intoleranter Engstirnigkeit. Da alle Religionen vom Menschen stammen, müssen alle respektiert und als gleichberechtigt angesehen werden. Alle Bekehrungsversuche sollten beendet werden.

Teilweise ist die Meinung zu hören, dass es eine einzige, weltweite Kirche oder Weltreligion geben sollte, um durch Religion verursachte Kriege zukünftig zu verhindern.[300] Die Bedrohung durch den mit dem Islam zusammenhängenden Terrorismus könnte die Zahl der Befürworter einer solchen Einheitsreligion weiter steigen lassen.

Im zwanzigsten Jahrhundert kam es im religiösen Bereich zu beträchtlichen Veränderungen ökumenischer Natur. Unter anderem arbeiten verschiedene Kirchen und Konfessionen verstärkt zusammen, was bis hin zu Zusammenschlüssen reichte, religiöse Gruppen bildeten nationale Dachverbände wie den Nationalen Kirchenrat der USA und internationale Räte und Gemeinschaften wie den Ökumenischen Rat der Kirchen. Es gibt Dialoge zwischen verschiedenen christlichen Kirchen und Gruppen und zwischen dem Christentum und nicht christlichen Religionen. Katholische Beobachter nehmen an Sitzungen des Ökumenischen Rates der Kirchen teil, protestantische Beobachter an Tagungen der römisch-katholischen Kirche, und Protestanten, Katholiken und Vertreter anderer Religionen beteiligen sich gemeinsam an großen öffentlichen Kundgebungen.

Im Oktober 1999 trafen sich Vertreter von 20 Religionen aus 48 Ländern im Vatikan und loteten die Möglichkeiten zur Zusammenarbeit im neuen Jahrtausend aus. Zu den nicht christlichen Teilnehmern gehörten unter anderem Juden, Muslime, Hindus, Buddhisten, Sikhs, Zoroastrier, Mandäer, Jainisten, Shintoisten, Konfuzianer, Bahai, Vertreter traditioneller Religionen und mehrerer japanischer Glaubensgemeinschaften. Vertreter des organisierten Christentums kamen aus folgenden Gruppen: römische Katholiken, Anglikaner, Lutheraner, Reformierte, Mennoniten, Evangelikale sowie griechisch, armenisch, rumänisch und assyrisch Orthodoxe.[301]

Im Mai 2000 trafen sich anglikanische und römisch-katholische Bischöfe aus dreizehn Ländern, um „eine gemeinsame Kommission zur Prüfung einer Vereinigung“[302] zu bilden.

Die Episkopalkirche der Vereinigten Staaten von Amerika und die Evangelisch-Lutherische Kirche in Amerika (die größte lutherische Kirche in Amerika) schlossen eine Vereinbarung über „die Austauschbarkeit von Geistlichen, die volle Abendmahlsgemeinschaft und die enge Zusammenarbeit bei der Wahrnehmung des ‘gemeinsamen Auftrags’.“[303]

Im Juli 2000 kamen römisch-katholische und östlich-orthodoxe Führer aus der ganzen Welt zusammen „um eine gemeinsame Basis zu finden", von der aus „eine vollständige Versöhnung"[304] angestrebt werden kann.

Im Juni 2000 trafen sich dreihundert Vertreter von 39 Religionen unter der Führung von William Swing, einem Bischof der Episkopalkirche, und unterzeichneten eine Charta, mit der sie die United Religions Initiative begründeten. Diese Initiative vertritt mit Nachdruck die Vorstellung, dass alle Religionen ihre Weisheit aus derselben Quelle schöpfen.[305] Das bedeutet, dass alle Religionen eine gemeinsame Basis für die Vereinigung teilen. 1995 erklärte Bischof Swing, dass die Welt zwar immer größere Fortschritte hin zur „Einheit im Bereich der Wirtschaft, Medien und Umwelt" mache, dass aber eine Sache fehle – „eine globale Seele."[306] Mit anderen Worten, eine vereinigte Welt braucht auch eine einheitliche Religion.

Vom 28.-31. August 2000 trafen sich eintausend Vertreter von Religionen rund um die Welt am Sitz der Vereinten Nationen zum Millenniums-Weltfriedensgipfel religiöser und geistiger Führer. Ziel des Gipfels war es, „einen ständigen internationalen Beratungsausschuss religiöser und geistiger Führer zu bilden, der sich aus Vertretern der verschiedenen Glaubensrichtungen zusammensetzt und mit der UNO bei ihrem Bemühen um Frieden, globale Verständigung und internationale Zusammenarbeit möglichst eng zusammenarbeiten soll."[307]

Bawa Jain, der Gipfelsekretär der UNO, organisierte das Treffen in Abstimmung mit dem Generalsekretär der Vereinten Nationen Kofi Annan und dessen Büro. Jain spielt auch in Bischof Swings United Religions Initiative eine führende Rolle.[308] Er drückte seinen Glauben daran aus, dass alle Religionen gleichberechtigt sind und äußerte, dass man sich mit dem Problem von Absolutheitsansprüchen befassen müsse und dass alle Bekehrungsversuche verboten werden sollten. Er sagte weiter, dass der Zeitpunkt des Gipfels, der eine Woche vor dem Millenniumsgipfel der Staatsoberhäupter stattfand, perfekt sei, weil den religiösen Führern dadurch die Möglichkeit geboten wurde, den politischen Führern zu zeigen, „wie der Frieden der neuen Weltordnung durch religiösen Universalismus herbeigeführt werden kann."[309]

CNN-Gründer Ted Turner und der kanadische Milliardär Maurice Strong unterstützten den Gipfel mit einer hohen Summe. In seiner auf dem Gipfel gehaltenen Rede erzählte Turner, wie er den christlichen Glauben, den man ihm als Kind beigebracht hatte, wegen seines intoleranten Anspruchs, die einzig wahre Religion zu sein, verworfen hatte.[310] Strong ist ein wichtiger Berater sowohl des Generalsekretärs der Vereinten Nationen als auch des Präsidenten der Weltbank und ist in globalen Angelegenheiten so einflussreich, dass das *New Yorker Magazine* schrieb: „Das Überleben der Zivilisation in so etwas wie ihrer jetzigen Form könnte in hohem Maße von den Anstrengungen eines einzigen Mannes abhängen."[311]

Vertreter mehrerer Religionen reagierten negativ auf den Nachdruck, der während des Gipfels darauf gelegt wurde, dass alle Religionen gleich sind und dass es keine Bekehrungsversuche geben sollte. Eine knappe Woche nach dem Gipfel gab die vatikanische Kongregation für die Glaubenslehre eine 36-seitige Erklärung heraus, die unter anderem beinhaltete, dass Gott einzig die römisch-katholische Kirche „für das Heil aller Menschen eingesetzt" hat, dass Nichtchristen sich bezüglich ihres Heils in einer „schwer defizitären Situation" befinden und dass die meisten nicht-katholischen christlichen Konfessionen „nicht Kirchen im eigentlichen Sinn" sind.[312]

Im September 2000 unterzeichneten mehr als 160 jüdische Universitätsprofessoren und Rabbiner, die alle wichtigen Strömungen des heutigen Judentums repräsentieren, „eine Stellungnahme, die einen Meilenstein in der Beziehung zwischen Juden und Christen darstellt. Die gemeinsamen Wurzeln von Judentum und Christentum werden anerkannt und die Juden dazu aufgerufen, ihr Misstrauen gegenüber den Christen aufzugeben."[313]

Dreißig Vertreter „der orthodoxen Kirche, der römisch-katholischen Kirche, der anglikanischen Kirche, der evangelischen Kirchen der Reformation, der Pfingstkirchen und evangelikalen Kirchen, aber auch von christlichen Netzwerken und kirchenähnlichen Organisationen" aus der ganzen Welt trafen sich vom 9.-11. September 2000, um die Möglichkeit auszuloten, ein „weltweites christliches Forum" zu bilden, das sich mit Fragen von gegenseitigem Interesse befasst „und Beziehungen pflegt, die zu gemeinsamem Zeugnis führen könnten."[314]

Ebenfalls im September 2000 erwogen Führer des Nationalen Kirchenrats der USA und der National Association of Evangelicals, einem Dachverband der evangelischen Kirchengemeinschaften der Vereinigten Staaten, zukünftige Treffen, bei denen – eventuell unter Beteiligung des Büros für ökumenische Angelegenheiten der römisch-katholischen Kirche in Washington – die Möglichkeiten ausgelotete werden sollten, „eine neue, breit verankerte nationale ökumenische Organisation zu schaffen, in der gemeinsam auf die Lösung weitverbreiteter gesellschaftlicher Probleme hingearbeitet wird."[315]

Aus einer biblischen Perspektive werden die säkularen und religiösen Entwicklungen in Richtung Einheit der Menschheit und Globalisierung noch bedeutsamer. Offenbarung 17-18 zeigt, dass die Erde während der kommenden Trübsalszeit von einem weltweiten politisch-religiös-wirtschaftlichen System beherrscht werden wird. Der politische Machtblock (das Tier) wird die Abhängigkeit vom religiösen Bereich (die Hure, die weltweiten Einfluss hat – 17,15) solange hinnehmen, wie es dessen Einfluss braucht, um die weltweite Vorherrschaft zu erlangen (17,3.7). Aber sobald dieses Ziel einmal erreicht ist, wird sich die politische Gewalt gegen das religiöse System wenden und es zerstören (17,16).

Dem Vatikanexperten Malachi Martin zufolge haben mächtige Kardinäle im Vatikan eine Allianz mit „Führern wichtiger internationaler humanistischer Organisationen" wie „Hochschulen, Stiftungen, Nichtregierungsorganisationen und sogar einiger Regierungsorganisationen" geschlossen. Kardinäle wie auch humanistische Vordenker haben eine „globale Sichtweise". Beide Gruppen glauben, dass die römisch-katholische Kirche „die einzige weltweit vertretene Organisation" ist, die auch weltweit „als stabilisierende gesellschaftliche Kraft" wirken kann. Auf humanistischer Seite hofft man also, „die römisch-katholische Kirche dahin zu bringen", bei der Verwirklichung der eigenen globalen Sichtweise mitzuarbeiten.[316] Wenn dies tatsächlich stimmt, steht zu erwarten, dass die Globalisierung den Druck auf andere religiöse Gruppen immer mehr erhöht, sich mit der römisch-katholischen Kirche zu vereinigen und eine Welteinheitskirche zu bilden.

Der religiöse Pluralismus legt die Grundlagen für Überlegungen wie die folgende: Da alle Religionen vom Menschen stammen und es keine göttliche Offenbarung gab, ist es völlig in Ordnung, wenn der Mensch alle Religionen zu einer Welteinheitsreligion miteinander verschmilzt, um dadurch die gesamte Menschheit zu vereinigen. Ein solches Vorgehen wäre sogar sehr vernünftig, weil die Welt so friedlicher und harmonischer wird. Indem dieses Fundament gelegt wird, werden die Menschen darauf vorbereitet, nicht nur das hurerische religiöse System anzuerkennen (Offb 17), sondern auch die Welteinheitsreligion der Antichristen-Verehrung (Dan 11,36-37; 2Thes 2,3-4; Offb 13,5-8), die das Hurensystem zerstören und ersetzen wird.

**Christenverfolgungen**

Die Verleugnung des Gottes der Bibel und der biblischen Offenbarung hat zu einer zunehmenden Feindseligkeit gegenüber Christen und schweren Verfolgungen in vielen Regionen der Welt geführt. Der Kampf gegen Christen wird von den kommunistischen Regimes in China, Nordkorea und Vietnam geführt, von Hindus in Indien und Muslimen in zahlreichen asiatischen Ländern, im Nahen und Mittleren Osten und in Afrika. Orthodoxe religiöse Führer rufen zur Verfolgung evangelikaler Christen in osteuropäischen Ländern auf, und römisch-katholische Führer tun dasselbe in einigen zentral- und südamerikanischen Staaten.

Teilweise ist es Christen verboten, sich zu gemeinsamer Anbetung zu versammeln, christliche Literatur und Bibeln weiterzugeben und mit Nichtchristen über ihren Glauben zu sprechen. Vielerorts werden sie verhaftet, eingesperrt, bedroht, gefoltert, verstümmelt und getötet. Andere müssen aus ihren Häusern fliehen und haben keine Möglichkeit mehr, sich ihren Lebensunterhalt selbst zu verdienen. Christliche

Frauen und Kinder werden entführt und in die Sklaverei verkauft. Viele christliche Frauen und Mädchen werden wegen ihres Glaubens vergewaltigt. Kirchen und Wohnhäuser werden zerstört und auf christliche Krankenhäuser und Schulen werden Bombenanschläge verübt.

In Westeuropa und Nordamerika wächst die Feindseligkeit insbesondere gegenüber evangelikalen Christen, die am geschichtlichen, biblischen Christentum festhalten, manchmal werden auch römische Katholiken zu Opfern. Viele Schulen und Hochschulen dulden Ansichten, Praktiken und Lebensstile, die im Gegensatz zum christlichen Glauben stehen oder sogar offen antichristlich sind. Es wird zugelassen, dass solche Ansichten von Lehrern, Dozenten, Schülern, Studenten und sogar Dritten offen geäußert, weiterverbreitet und gefördert werden, während die Äußerung, Verbreitung oder Förderung christlichen Gedankenguts nicht erlaubt ist. Bibeln, Kleidungsstücke und andere Gegenstände, die auf den christlichen Glauben verweisen, sind an vielen staatlichen Schulen verboten. Christlichen Kindern wird häufig untersagt, in mündlichen oder schriftlichen Arbeiten auf ihren Glauben Bezug zu nehmen.

Arbeitnehmer müssen oft an Antidiskriminierungsschulungen teilnehmen, in denen teilweise für die Billigung von Lebensstilen geworben wird, die gegen biblische Moralvorstellungen verstoßen. Wer Einwände gegen solche Schulungen vorbringt, erntet Missbilligung und Spott und muss manchmal mit Disziplinarmaßnahmen rechnen, teilweise droht sogar der Verlust des Arbeitsplatzes. Es gibt christliche Krankenschwestern, die entlassen wurden, weil sie sich weigerten, sich an Abtreibungen zu beteiligen, und es kam schon mehr als einmal vor, dass jemand eine Stellung verlor, die er schon seit Jahren oder Jahrzehnten innehatte, als die biblische Ansicht der betreffenden Person über Homosexualität bekannt wurde.

Ein qualifizierter schwarzer Footballtrainer, der sich um den Cheftrainerposten bei einer großen, säkularen Universität bewarb, wurde in einem frühen Stadium des Auswahlverfahrens abgelehnt, weil seine christlichen Ansichten mit der liberalen Studentenschaft und der aktiven Schwulenszene an der Universität nicht vereinbar waren. Der Trainer war überrascht, wie offen die Universität ihm den Grund für seine Nichtberücksichtigung mitteilte. Er sagte, dass die Universitätsvertreter es ihm gegenüber niemals zugegeben hätten, wenn er wegen seiner Hautfarbe diskriminiert worden wäre. Aber sie hatten keinerlei Bedenken, ihm zu sagen, dass Vorbehalte gegen seinen christlichen Glauben bestanden.[317] Ein studentischer Schreiber wies auf die Ironie hin, dass für eine liberale Universität, die für Offenheit und Vielfalt steht, der christliche Glaube ein Grund ist, einen Kandidaten für das Traineramt abzulehnen.[318]

Weil evangelikale Christen behaupten, dass das biblische Christentum die einzig wahre Religion ist, sich gegen den zunehmenden Werteverfall stemmen und sich der radikalen Agenda widersetzen, die liberale, säkulare Extremisten der Gesellschaft aufzwingen wollen, werden sie immer mehr zum Opfer bösartiger Angriffe. Im Mai 2002 machte Joel Belz auf „die zunehmende Verachtung" aufmerksam, „die ein großer Teil der amerikanischen Elite für evangelikale Christen empfindet. In allen wichtigen Medien und auch in akademischen Zirkeln wurden konservative Christen in den letzten sechs Monaten immer wieder mit radikalen Taliban verglichen. 'Kennt man einen Fundamentalisten', so ist häufig zu hören, 'kennt man sie alle.'"[319]

Gene Eward Veith weist darauf hin, wie unsinnig dieser Vergleich zwischen konservativen Christen und terroristischen Taliban ist. Er schrieb, dass dabei „diejenigen, die durch ihre Theologie zu dem Versuch angehalten werden, unschuldiges Leben zu retten, so dargestellt werden, als glichen sie denen, deren Theologie sie zur Tötung unschuldigen Lebens aufstachelt. Diejenigen, die gute Musik fordern, werden mit denen in eine Topf geworfen, die Musik komplett abschaffen wollen. Eine Religion, die überall, wo sie hinkommt, Freiheit bringt, wird als die gleiche Religion gebrandmarkt, die Tyrannei hervorgebracht hat. Christen, die das ihnen in der Verfassung garantierte Recht ausüben, ihren Überzeugungen öffentlich Ausdruck zu verleihen, werden mit Terroristen gleichgesetzt."[320]

Veith ist der Meinung, dass solche Angriffe auf Christen als „religiöse Engstirnigkeit“, „religiöse Intoleranz“, „säkularer Extremismus“ und „theologischer Terrorismus“ bezeichnet werden sollten. Aber er warnte auch – falls es durch solche Angriffe gelingt, die Öffentlichkeit davon zu überzeugen, dass der Krieg gegen den Terror ein Krieg gegen Religion an sich ist –, dass durch diese Angriffe „die Grundlagen für konkrete religiöse Verfolgung gelegt werden.“[321]

**Die Leugnung der Gottheit Christi**

Die Leugnung der Existenz Gottes und der göttlichen Offenbarung hat auch zu der Tendenz geführt, Jesus Christus vollständig zu vermenschlichen. Da es angeblich keinen souveränen, personalen Gott und keine göttliche Offenbarung gibt, ist man zu dem Schluss gekommen, dass Jesus Christus weder Gott in Menschengestalt war noch eine wunderbare Selbstoffenbarung Gottes für den Menschen.

Angesichts dieser Schlussfolgerung wurde Jesus in der Gegenkultur der 60er und 70er als der große Revolutionär dargestellt, der lange Haare hatte und einen Bart trug, eine Gruppe von Revolutionären ausbildete und sich weigerte, einer geregelten Arbeit nachzugehen, so dass er frei das Land durchstreifen und gegen das damalige Establishment kämpfen konnte. Auf Postern wurde er als Flüchtling abgebildet, der von der Regierung wegen seiner subversiven Aktivitäten gesucht wird. Sein Tod wurde als Beispiel dafür betrachtet, was das Establishment mit denen macht, die sich ihm entgegenstellen. Damit erhob die Gegenkultur Jesus zu ihrem Superstar, um Menschen dazu zu veranlassen, gegen das zu kämpfen, was als das damalige Establishment angesehen wurde.

Moderne Theaterstücke und Filme haben Jesus als Mann dargestellt, der sich selbst vormachte, der göttliche Messias zu sein, der aber dieselben Fehler, Begierden und Leidenschaften wie alle anderen Männer hatte.

Die New-Age-Bewegung lehrt, dass Jesus ein Mann war und kein „Christusgeist“. Er unterschied sich in nichts von anderen Menschen und war auch kein göttlicher Retter, der für die Sünden der Menschheit starb. Er war nur in dem Sinne göttlich, in dem es alle Menschen sind. Er stand nicht leiblich von den Toten auf.[322]

**Die Vergötterung des Menschen**

Die Verleugnung des personalen Gottes der Bibel hat zur Entstehung pantheistischer Ansichten und damit einhergehend zu einer Vergötterung des Menschen geführt. Der Mensch hat das unausrottbare Bedürfnis, irgendetwas anzubeten. Da er den personalen Gott verworfen hat, bleibt ihm als Gegenstand seiner Anbetung nur noch die materielle Welt, deren höchster, angeblich evolvierter Vertreter er selbst ist. Damit zieht der Mensch den Schluss, dass der säkulare Bereich der heilige ist.[323] Da der Mensch die am höchsten entwickelte Lebensform ist, sollte er als Gottheit betrachtet und entsprechend verehrt werden.

Der Trend zu einem Pantheismus, der den Menschen vergöttert, ist in den Aussagen mehrerer moderner Denker erkennbar. Der bereits mehrfach erwähnte protestantische Gott-ist-tot-Theologe Thomas J. J. Altizer schrieb, da der Mensch die Existenz eines personalen Gottes verneint habe, müsse er als Rasse die Selbst-Transzendenz erreichen, womit die „Göttlichkeit des Menschen“ gemeint ist.[324] So kann Altizer zufolge die Welt erst dann in das neue paradiesische Zeitalter eintreten, wenn wir als Menschen drei Dinge tun - anerkennen, dass der Gott der Bibel tot ist, die in der Bibel gelehrten Moralvorstellungen in ihr Gegenteil verkehren und „uns selbst zur ‘Großen Göttlichen Menschheit’ ausrufen.“[325]

John Cooper schrieb, dass die Theologie das Transzendente in dieser Welt suchen muss, sie muss auf einer Philosophie basieren, die keine andere Wirklichkeit anerkennt.[326]

Der römisch-katholische Forscher Pierre Teilhard de Chardin vertrat die Ansicht, dass die Menschheit sich zu einer Art kollektiven Einheit entwickelt, die letztlich in die Einheit von Gott und Mensch münden wird.[327] Er folgerte, dass jemand, der die Erde und vor allem den Menschen liebt, der die Krone der Evolution der Erde ist, Gott liebt.[328] Teilhard glaubte, dass wissenschaftliche Forschung, fortschreitende Kommunikation, der Ausbau der liberalen, sozialen Demokratie und die zunehmende Abhängigkeit der Menschen voneinander, die zur Entstehung von Gemeinschaften auf sozialistischer Basis führt, Kräfte sind, die zur Vereinigung der Menschheit beitragen. In dieser vereinigten Menschheit „werden alle Menschen Teil einer organischen Einheit, die das Angesicht der Erde bedeckt."[329] Der Gott, der verehrt werden soll, ist damit derjenige, der sich aus der sich ewig weiter entwickelnden Menschheit erhebt.[330] Mit anderen Worten wird der Mensch Teilhard zufolge durch den Evolutionsprozess zu Gott.

Vertreter der liberalen Theologie lehrten, dass der Mensch einen göttlichen Funken in sich trägt.

Die New-Age-Bewegung lehrt, dass alle Menschen „von Natur aus Gott" sind.[331]

In der Mitte der zukünftigen Trübsalszeit wird der Antichrist, Satans letzter Trumpf, den Gott der Bibel verlästern, sich selbst zum Gott erheben und von allen Menschen verlangen, ihn als Gott zu verehren (Dan 7,8.19-20.24-25; 9,27; 11,36-37; 2Thes 2,3-4; Offb 13,4-8). Indem er eine Einstellung schafft, die den Menschen vergöttert, beginnt Satan damit, die Gedanken der Menschen so auszurichten, dass sie den zukünftigen Anspruch des Antichristen, Gott zu sein, akzeptieren und ihn anbeten.

**Die Leugnung der menschlichen Sündhaftigkeit**

Die Leugnung der Existenz des biblischen Gottes und der göttlichen Offenbarung hat die Leugnung der menschlichen Sündhaftigkeit nach sich gezogen. Da es angeblich keinen souveränen, personalen Gott gibt, folgerte der Mensch, dass es auch nie die Ursünde der menschlichen Rebellion gegen ihn gab. Die biblische Erzählung vom Sündenfall ist ein Mythos, und deshalb gab es keinen bestimmten Zeitpunkt in der Geschichte, an dem der Mensch eine verdorbene Natur erhielt. Der Mensch hat überhaupt keine Sündennatur und ist stattdessen im Grunde gut. Er trägt einige der Instinkte der niederen Lebensformen in sich, aus denen er sich entwickelt hat, aber mit der Fortdauer des evolutionären Prozesses wird der Mensch diese tierischen Instinkte einen nach dem anderen überwinden. Es sind also Fortschritte im menschlichen Handeln zu erwarten.

Dies war das Denken der liberalen Theologie. In ähnlicher Weise lehrt die New-Age-Bewegung, dass Sünde und Böses im Grunde genommen nicht existieren. Deshalb braucht der Mensch keinen persönlichen Retter, der gestorben ist, um ihn von seiner Sünde und der Strafe dafür zu erlösen. Die wahre Ursache der menschlichen Not liegt darin, dass die Menschen ihre Göttlichkeit vergessen haben. Und der Kern der Erlösung besteht darin, „die eigene Göttlichkeit" zu verwirklichen.[332]

Diese Leugnung der menschlichen Sündhaftigkeit hat bei vielen zu der irrigen Annahme geführt, dass die Menschheit einträchtig ohne Krieg, Fanatismus und Ungerechtigkeiten zusammenleben kann, wenn man Vorurteilen entgegentritt und wenn sich die Gesellschaftsordnung von Grund auf ändert. Diese neue Gesellschaftsordnung muss durch die vollständige Vereinigung der Menschheit unter einer Weltregierung und einer Welteinheitsreligion verwirklicht werden. Ausgehend von derselben Leugnung der menschlichen Sündennatur sind viele schlichte Gemüter von der Annahme ausgegangen, dass alle Völker ihre Waffen niederlegen und nicht mehr gegeneinander kämpfen werden, wenn ein Land den Anfang macht.

Aus der Geschichte kann man mehrere Dinge über die menschliche Sündhaftigkeit lernen. Erstens ist sie Realität, sie existiert wirklich. Zweitens ist sie und nicht die jeweilige Gesellschaftsordnung der Hauptgrund für die menschliche Brutalität anderen Menschen gegenüber. Drittens kann diese Sündennatur weder durch Bildung noch durch eine bestimmte Gesellschaftsordnung ausgerottet werden.

Alle Menschen, auch politische und religiöse Führer, haben eine solche Sündennatur. Machtpositionen können einen verderblichen Einfluss auf denjenigen haben, der sie innehat. Dieser Einfluss hat bei einigen politischen Führern dazu geführt, dass sie ihrer Sündennatur nachgaben und sich in grausame Diktatoren verwandelten, die Kriege führten und Millionen von Menschen töteten, um anderen ihren Willen aufzuzwingen. Die Geschichte hat gezeigt, dass ein Land, das von einem solchen Diktator bedroht wird und die Waffen niederlegt, also die militärische Auseinandersetzung verweigert, dem diktatorischen Machthaber unterliegt und seiner Willkür unterworfen wird. Es wird nicht passieren, dass der Diktator die Waffen niederlegt und nicht mehr kämpft. Sie zeigt ebenfalls, dass ein Diktator nur dadurch davon abgehalten werden kann, anderen seine Schreckensherrschaft aufzuzwingen, wenn es eine Macht gibt, die ihn stürzen kann. Wenn es zum Beispiel in den 40er Jahren keine solche Macht gegeben hätte und Hitler nicht besiegt worden wäre, hätte er noch viele Jahre lang Gräuel verübt, an einem noch größeren Teil der Menschheit Völkermord begangen und noch viel schlimmere Zerstörungen angerichtet. Diese Welt braucht um der Menschheit willen ein Mächtegleichgewicht, damit brutale Diktatoren aufgehalten und gestürzt werden können.

Wenn die Herrschaft über ein Land und die damit einhergehende Machtfülle für ein Staatsoberhaupt eine Verlockung darstellt, zu einem Gewaltherrscher zu werden, wie viel mehr kann dann der Führer einer Weltregierung durch seine Machtposition verführt werden, so dass er sich in einen noch nie da gewesenen, brutalen Diktator mit beispielloser, unbeschränkter Macht verwandelt. Gäbe es nur eine Weltregierung, unterstünde die ganze Erde seiner Herrschaft. Es würde kein Kräftegleichgewicht mehr geben und keine starke Gegenmacht, die ihn stürzen und willkürliches, grausames Vorgehen oder Gräueltaten beenden könnte. Eine Weltregierung würde für eine solche Person eine unwiderstehliche Gelegenheit bieten, die Macht zu ergreifen. Die Bibel zeigt, dass genau diese Art von Herrscher auch wirklich an die Macht kommen wird, und tatsächlich wird die Entwicklung hin zu einer Welteinheitsregierung auch immer deutlicher.

Die menschliche Leugnung des personalen Gottes der Bibel erweist sich als keine Kleinigkeit, sondern hat folgenschwere, ja umwälzende Auswirkungen. Die Tragödie besteht darin, dass der Mensch glaubt, durch diese Leugnung sehr weise zu sein (Röm 1,18-25; 1Kor 1,21), während in Wirklichkeit sein Sinn von Satan, dem Gott dieser Welt, verblendet wird (2Kor 4,4). Satan benutzt die Folgen der menschlichen Gottesleugnung, um die Welt auf seinen Versuch vorzubereiten, die sichtbare, politische Form seines Reiches auf der Erde aufzurichten.

Obwohl also die Medien die aktuellen gesellschaftlichen Meinungsverschiedenheiten als „Kulturkampf“ bezeichnen, handelt es sich in Wirklichkeit um einen geistlichen Kampf, bei dem zwei entgegengesetzte Weltanschauungen im Mittelpunkt stehen. Die eine dieser Weltanschauungen hat die Existenz des souveränen, personalen Schöpfergottes der Bibel und die göttliche Offenbarung als Ausgangspunkt und Grundlage, die andere die Leugnung der Existenz des Schöpfergottes der Bibel und der göttlichen Offenbarung.

Satan ist weiterhin tätig, aber auch Gott rettet ohne Unterlass Einzelne aus Satans Reich und fügt sie der wahren Gemeinde hinzu – der Gruppe von Menschen, die persönlich an Jesu in der Bibel geoffenbartes Evangelium geglaubt haben, indem sie ihr Vertrauen in ihn alleine setzen, was ihre Rettung vor Sünde und ewiger Strafe angeht.

Was sollten Christen angesichts der umwälzenden Folgen der Leugnung Gottes in der Gesellschaft tun? Jesus hat der Gemeinde einen Auftrag gegeben und ihn nicht zurückgenommen. Wir sollten alles daran setzen, die Welt mit dem Evangelium Jesu Christi zu erreichen, das in 1.Korinther 15,1-8 (Mk 16,15) erklärt wird und den Gläubigen ein festes Fundament im Wort Gottes zu geben, indem wir sie sein Wort systematisch lehren (Mt 28,19-20; Eph 4,11-12). Außerdem sollten wir ernstlich darum beten, dass Gott eine große geistliche Erweckung schickt, die vom Heiligen Geist angestoßen, geleitet und bevollmächtigt wird und vollkommen mit Gottes Gedanken, Wegen und Wahrheit übereinstimmt.

# 9

# Der Konflikt von der Entrückung der Gemeinde bis zur Ewigkeit

## Die Entrückung der wahren Gemeinde

Wenn für Gott die Zeit kommt, Israel wieder in seine ursprüngliche Stellung einzusetzen, wird sein Ziel mit der wahren Gemeinde in dieser Welt erreicht sein. So wird Jesus zu einem unbekannten Zeitpunkt in die Luft über der Erde zurückkehren und in einem einzigen Augenblick alle wahren Christen, die bereits gestorben sind, von den Toten auferwecken, die Körper aller wahren Christen, die noch am Leben sind, verwandeln, und beide Gruppen zusammen aus der Welt nehmen. Die Christen werden Jesus in der Luft treffen und mit ihm in den Himmel zurückkehren (Joh 14,1-3; 1Kor 15,51-52; 1Thes 4,13-17). Dieses wunderbare Geschehen wird als Entrückung der Gemeinde bezeichnet. Der Schrift zufolge ist es das nächste prophetische Ereignis, das eintreffen wird.

Zwar ist die wahre Gemeinde Teil der organisierten Christenheit, umfasst aber durchaus nicht jeden, der sich selbst als Christen bezeichnet. Satan hat viele falsche Bekenner unter die wahren Gläubigen gesät. So wird bei der Entrückung der wahren Gemeinde ein großer Teil der Christenheit zurückbleiben. Sie alle werden Mitglieder von Satans Reich sein. Da die wahren Gläubigen nicht mehr da sind, werden diese falschen Bekenner es leicht haben, die gesamte Christenheit zu einer einzigen, großen, abgefallenen Religion zu vereinen, deren Zentrum sich in einer großen Stadt befindet (Offb 17).

## Die siebzigste Jahrwoche Daniels

Nach der Entrückung der Gemeinde wird für die Welt ein einzigartiger, sieben Jahre dauernder Zeitraum beginnen, dessen zweite Hälfte von einer großen, nie zuvor da gewesenen Bedrängnis gekennzeichnet ist (Mt 24,21). Weil Daniel vorhersagte, dass dieser Zeitabschnitt der letzte von siebzig jeweils sieben Jahre dauernden Abschnitten sein würde, die Gott für Israel geplant hat, wird er als die siebzigste Jahrwoche Daniels bezeichnet. Weil das Hauptmerkmal dieser Zeit Drangsal bzw. Trübsal ist, sprechen andere von der großen Drangsal oder der Trübsalszeit.

### Satans Ziele in der siebzigsten Jahrwoche

In seinem Krieg gegen das Reich Gottes verfolgt Satan in der siebzigsten Jahrwoche vier Hauptziele:

*Die dauerhafte Aufrichtung einer sichtbaren, politischen Form seines Reiches.* Satans erstes Ziel wird darin bestehen, eine sichtbare, politische Form seines Reiches dauerhaft und weltweit aufzurichten. Damit er dies tun kann, braucht er einen König, der für ihn über sein Reich herrscht. Dieser König muss jemand sein, der das tut, was Jesus ablehnte — sich selbst Satan zu unterwerfen, um die Reiche dieser Welt zu beherrschen (Mt 4,8-10).

Satan wird einen solchen Mann haben, aber dieser Mann kann erst dann offenbar werden, wenn zwei Dinge geschehen sind (2Thes 2,3.6-7).

Zuerst muss der Abfall kommen (2Thes 2,3), das heißt bevor die Welt so weit sein wird, Satans Mann als Herrscher anzuerkennen, muss die Menschheit „den Abfall" von Gott erleben. In der Vergangenheit kam es immer wieder in begrenztem Maß zu Abfall, aber die Tatsache, dass bei der Beschreibung dieses zukünftigen Abfalls der bestimmte Artikel „der" verwendet wird, zeigt, dass es sich diesmal um den endgültigen Abfall handeln wird. Damit ist gemeint, dass der Abfall total und weltweit sein wird, während es vorher immer Beschränkungen gab. Bei der Entrückung der Gemeinde werden alle Erlösten von der Erde genommen, und dadurch wird die ganze Erde in einem Augenblick abgefallen sein, weil es nur noch unerlöste Menschen geben wird. „Der Abfall" wird also die Folge der Entrückung der Gemeinde sein.

Zweitens muss der, der zurückhält, weggenommen werden, bevor der Mann Satans offenbar werden kann (2Thes 2,6-7). Obwohl Satan während der gesamten Geschichte zum Äußersten entschlossen war, ist es ihm zu keinem Zeitpunkt gelungen, seine Wünsche vollständig zu verwirklichen, weil der Heilige Geist das Wirken seines Reiches ununterbrochen eingeschränkt hat.[333] Wenn die Gemeinde entrückt wird und die Erde den Mitgliedern von Satans Reich überlassen bleibt, wird der Heilige Geist seinen Dienst des Zurückhaltens beenden. Als Folge davon wird Satans Mann der Welt geoffenbart werden.

Für diesen Mann werden in der Bibel verschiedene Bezeichnungen verwendet, und jede davon zeigt einen bestimmten Aspekt seines Charakters. Vom Apostel Johannes wird er der Antichrist genannt. Als Antichrist wird er für die schon heute überall verbreiteten menschlichen Lügen werben und die Existenz des lebendigen Gottes genauso leugnen wie die Tatsache, dass Jesus Christus der im Fleisch gekommene Gott war (1Jo 2,18.22; 4,3; 2Jo 7).

Daniel sprach von ihm als von dem König, der nach seinem Belieben handeln wird (Dan 11,36), und Paulus bezeichnete ihn als Mensch der Gesetzlosigkeit bzw. den Gesetzlosen (2Thes 2,3.8). Diese Namen weisen darauf hin, dass er die höchste Ausprägung der gegenwärtigen

Anarchie und Gesetzlosigkeit verkörpern wird. Er wird keine äußeren Einschränkungen seiner Wünsche dulden, nur das tun, was er will und verlangen, dass auch alle anderen tun, was er will und wann er es will. Wie ein verzogenes Kind, das einen Wutanfall bekommt, wird er seinen Zorn an allen auslassen, die es wagen, sich ihm in den Weg zu stellen.

Paulus bezeichnete ihn außerdem als Sohn des Verderbens (2Thes 2,3). So wie ein Sohn seinen Charakter von seinen Eltern erhält, wird dieser Mann dieselbe Natur wie Satan haben, seinem geistlichen Vater und der Quelle alles Bösen, das dem Verderben anheimfällt. Er wird von Satan angetrieben und kontrolliert, so dass er den Willen dieses großen Revolutionärs tun wird (2Thes 2,9; Offb 13,4). Da er die Existenz Gottes verleugnet, wird er sich Satan zuwenden, um Bedeutung und einen Sinn für sein Leben zu finden. Satan wird ihm die Macht verleihen, um zu seinem Superstar zu werden.

Der Antichrist wird eine unglaubliche Karriere machen, bis er an der Spitze einer wieder belebten Form des Römischen Reiches steht. Zunächst wird dieses Reich aus einem Bund von zehn Staaten bestehen (Dan 2,40-43; 7,23-25; Offb 13,1; 17,12-13). Durch eine beeindruckende Zurschaustellung der übernatürlichen Kräfte, die ihm von Satan verliehen wurden, wird er die westliche Welt dazu bringen, dass sie der Lüge glaubt, dass er die Lösung aller ihrer Probleme ist (2Thes 2,8-12). Zweifellos wird er versprechen, die Menschheit zu vereinigen, für Gesetz und Ordnung zu sorgen, die Gesellschaftsordnung radikal umzubauen, Ungerechtigkeit und Armut zu beseitigen, durch die Vereinigung aller Völker unter einer einzigen Regierung den totalen Frieden zu bringen und die durch Umweltverschmutzung und Bevölkerungsexplosion hervorgerufenen Probleme zu lösen, wenn ihm die Herrschaft übertragen wird. Die westliche Welt wird davon überzeugt sein, dass er die zur Erfüllung seiner Versprechungen notwendigen Kräfte hat, dazu wird die Verzweiflung über das eigene Versagen bei der Lösung der oben genannten Schwierigkeiten kommen, so dass der Antichrist als Retter und Messias begrüßt und ihm die absolute Kontrolle übergeben wird. Mit Sicherheit wird jeder, der gegen seine Diktatur Einwände erhebt, als Feind der Menschheit gebrandmarkt werden.

Im Zuge seiner Machtergreifung wird sich der Antichrist mit dem einen abgefallenen religiösen System der westlichen Welt verbünden, um sich die mächtige Unterstützung dieses Systems und seiner Mitglieder zu sichern (Offb 17). Außerdem wird er zu Beginn seiner Herrschaft über die westliche Welt ein Abkommen von siebenjähriger Dauer mit dem Staat Israel schließen, in dem er Israel Schutz vor seinen Feinden zusichert und sich dafür verbürgt, dass der alttestamentliche Opferdienst wieder eingerichtet werden kann (Dan 9,27). Aufgrund dieser Schutzzusage wird Israel sein Verteidigungsprogramm nach und nach zurückfahren und friedlichen Beschäftigungen nachgehen (Hes 38,11.14). Der Tempel in Jerusalem wird wieder aufgebaut und die Opfer wieder nach alttestamentlichem Vorbild dargebracht werden. So wird der Antichrist während der ersten dreieinhalb Jahre seiner Herrschaft bei den meisten Bürgern der westlichen Welt, der abgefallenen Kirche und Israel einen sehr wohlwollenden Eindruck hinterlassen.

Satan wird dem Antichristen eingeben, das Ziel einer weltweiten Herrschaft zu verfolgen. Allerdings wird sich ihm bei dem Versuch, dieses Ziel zu erreichen, nördlich von Israel eine riesige Streitmacht entgegenstellen: Irgendwann vor der Mitte der siebzigsten Jahrwoche werden Syrien und Ägypten die Schutzgarantie des Antichrists für Israel auf die Probe stellen und das Land von Norden und Süden her angreifen (Dan 11,40). Möglicherweise werden die beiden Länder von der Macht im Norden zu diesem Angriff gedrängt. Als Reaktion auf die Invasion wird der Antichrist seine westlichen Truppen unverzüglich in den Nahen Osten verlegen, Syrien vernichten und nach Süden marschieren, um Ägypten zu erobern (Dan 11,40-43). Während er noch mit der Einnahme Ägyptens beschäftigt ist, wird er beunruhigende Neuigkeiten aus dem Osten und dem Norden hören (Dan 11,44).

Diese Neuigkeiten könnten besagen, dass die Großmacht im Norden zusammen mit ihren Verbündeten Israel als Reaktion auf das Eindringen westlicher Truppen in den Nahen Osten überfallen hat (Hes 38,1-16). Wenn der Antichrist dies in Ägypten erfährt, wird er seine Truppen schnellstmöglich nach Israel verschieben, um den nördlichen Angreifer und seine Verbündeten mit großem Zorn zu vernichten (Dan 11,44). Aber noch bevor er dort angekommen ist, wird Gott das riesige angreifende Heer auf übernatürlichem Weg zerstören (Hes 38,17 — 39,20).

Durch die Beseitigung seines wichtigsten Gegners gegen Mitte der siebzigsten Jahrwoche wird es dem Antichristen möglich, seine Herrschaft über die ganze Welt auszudehnen. Da es niemanden mehr gibt, der seine Macht herausfordert, kann er tun, was immer er will. Zu diesem Zeitpunkt wird sein gespieltes Wohlwollen aufhören und sein wahrer, tierischer Charakter ans Licht kommen. Er wird seinen Regierungssitz nach Israel verlegen (Dan 11,45), seinen Bund mit diesem Land brechen, es zwingen, den Opferdienst zu beenden (Dan 9,27) und das abgefallene religiöse System vernichten (Offb 17,16).

Nachdem er diese anderen Formen der Religionsausübung beendet hat, wird der Antichrist ein Bildnis von sich im Allerheiligsten des jüdischen Tempels aufrichten, sich selbst zu Gott ausrufen und von allen Anbetung verlangen (Dan 9,27; 11,36-37; Mt 24,15; 2Thes 2,4). Satan wird ihn zu diesem Verhalten veranlassen, weil durch die Verehrung des Antichristen auch ihm selbst Anbetung zuteil wird (Offb 13,4). Für die meisten Menschen wird die Anbetung von Satans König kein Problem darstellen (Offb 13,8). Durch die gegenwärtige Philosophie, dass der Mensch sich zur Göttlichkeit bzw. zur Gottheit entwickelt, wird die Welt auf diese Form der Anbetung vorbereitet. Wegen der übernatürlichen Kräfte des Antichristen wird die Schlussfolgerung leicht fallen, dass er das höchste Produkt der Evolution darstellt und deshalb als Repräsentant dessen angebetet werden sollte, zu dem der Mensch wird – eine Gottheit.

Satan wird noch einem zweiten Menschen übernatürliche Kräfte verleihen, so dass er als Hoherpriester der Antichristenverehrung fungieren kann. Dieser Mann, genannt der falsche Prophet (Offb 16,13; 19,20), wird für den König ein hoch organisiertes religiöses System aufbauen und anführen (Offb 13,11-18). Mit der Schaffung dieses Systems wird der Antichrist den Höhepunkt seiner Karriere erreichen und ihm wird Macht gegeben, für weitere dreieinhalb Jahre in seiner hohen Position zu bleiben (Offb 13,5).

*Die Beendigung des Zeugnisses für Gott.* Trotz Satans unermüdlichem Wirken wird Gott während der siebzigsten Jahrwoche viele Menschen erretten. Diese Menschen werden für Gott und Christus ein aktives Zeugnis in der Welt ablegen. Andererseits wird eines von Satans Zielen die Vernichtung jeglichen Zeugnisses seines Feindes sein. Darum wird er die abgefallene Religion, den Antichristen und den falschen Propheten dazu verleiten, Gottes Heilige zu bekämpfen (Dan 7,25; Offb 13,7.15; 17,6). Viele Gläubige werden um ihres Glaubens willen das Martyrium erleiden (Offb 20,4), aber das Zeugnis wird niemals aufhören.

*Die Vernichtung Israels.* Da die Buße Israels ein Schlüsselelement für die Aufrichtung von Gottes theokratischem Reich ist, wird Satan in der siebzigsten Jahrwoche weiterhin versuchen, Israel zu vernichten. Da er merkt, dass er nicht mehr viel Zeit hat, wird er das Volk mit extremer Heftigkeit angreifen (Offb 12). Der Antichrist wird die Juden härter verfolgen, als es jemals zuvor der Fall war (Mt 24,15-20). Der Antisemitismus wird der schlimmste der Geschichte sein. Aus diesem Grund bezeichnete Jeremia diesen Zeitraum als „eine Zeit der Bedrängnis für Jakob“ (Jer 30,4-7). Am Ende der siebzigsten Jahrwoche wird der Antichrist alle Truppen der Welt in Israel zusammenziehen (Offb 16,13-14.16). Dadurch wird Israel in seiner Existenz bedroht (Sach 14,1-2), aber Gott wird weiterhin mindestens einen Überrest bewahren (Jer 30,7).

*Der Aufmarsch der Heere.* Satans letztes Ziel für die siebzigste Jahrwoche wird in der Sammlung aller Armeen der Welt im israelischen

Harmagedon bestehen. Um dies zu erreichen, werden er, der Antichrist und der falsche Prophet auf dämonische Aktivitäten zurückgreifen (Offb 16,12-16). Wenn die siebzigste Jahrwoche sich ihrem Ende zuneigt, wird Satan erkennen, dass Christus bald nach Israel kommen wird, um das theokratische Reich aufzurichten. Aus diesem Grund will er die gesamte militärische Macht der Welt zur Verfügung haben, um Krieg gegen den Erlöser zu führen (Ps 2,1-3; Offb 19,19). Das wird sein letzter, verzweifelter Versuch sein, die Aufrichtung der Theokratie zu verhindern.

**Gottes Ziele in der siebzigsten Jahrwoche**

In seinem Krieg gegen das Reich Satans wird auch Gott vier Hauptziele in der siebzigsten Jahrwoche verfolgen.

*Die Erlösung vieler Menschen.* Bereits am Anfang der siebzigsten Jahrwoche wird Gott 144000 Juden erretten, sie versiegeln und damit vor jeglichem Schaden bewahren und sie in die ganze Welt aussenden, um bis zur Wiederkunft Christi überall sein Wort zu verkündigen (Offb 7,2-8). Aufgrund ihres evangelistischen Dienstes wird eine große Volksmenge aus allen Sprachen, Stämmen und Nationen gerettet werden (Offb 7,9-17).[334] Dem Volk Israel wird Gott zwei besondere Zeugen senden, die die gleiche Kleidung wie die alttestamentlichen Propheten tragen werden, große Zeichen tun und in Vorbereitung auf das kommende theokratische Reich weissagen werden (Offb 11,3-13).[335] Durch ihr Zeugnis werden viele Juden errettet und selbst wieder zu Zeugen (Offb 12,17).[336] Gott wird also die siebzigste Jahrwoche dazu gebrauchen, die Bevölkerungszahl seines Reiches zu erhöhen.

*Die Vernichtung von Satans Reich.* Vom Sündenfall bis zur siebzigsten Jahrwoche hat Gott Satan gestattet, jedes erdenkliche Mittel auszuprobieren, um das Reich Gottes zu stürzen. Obwohl Gott verhindert hat, dass Satan sein Ziel erreicht, hat er das Gericht über ihn und sein Reich noch nicht vollstreckt, so dass Satan seine Macht ausspielen konnte. Aber sobald der Antichrist offenbar geworden ist und Satan zu seinem letzten Umsturzversuch ansetzt, wird Gott schließlich Ernst machen und mit der Vernichtung von Satan und seinem Reich beginnen. Jetzt wird Gott seine ganze Macht zeigen und die siebzigste Jahrwoche wird der Anfang eines Zeitabschnitts sein, der der Tag des Herrn genannt wird (2Thes 2,1-3).

Hauptmerkmal der siebzigsten Jahrwoche wird Gottes Gericht sein, weil Gott seinen Zorn über die gottlosen Menschen und den Bereich der irdischen Provinz von Satans Reich ausgießt (Zef 1,14-18). Im Verlauf der sieben Jahre werden die Gerichte an Schwere zunehmen, so dass die zweiten dreieinhalb Jahre viel schlimmer sein werden als die ersten. Aus diesem Grund sagte Jesus über die zweite Hälfte der siebzigsten Jahrwoche: „Denn dann wird große Bedrängnis sein, wie sie von Anfang der Welt bis jetzt nicht gewesen ist und auch nie sein wird. Und wenn jene Tage nicht verkürzt würden, so würde kein Fleisch gerettet werden“ (Mt 24,21-22). Ein Gericht nach dem anderen wird die Erde treffen, so dass ein Großteil der Erdoberfläche verwüstet wird und große Gebiete vom Reich des Antichristen sowie ein großer Teil der Erdbevölkerung vernichtet werden (Offb 6; 8-11; 16-18). Dadurch wird die Welt erkennen, welche schrecklichen Folgen die Leugnung der Existenz ihres Schöpfers hat.

Ungefähr in der Mitte der siebzigsten Jahrwoche wird Gott eine Phase seines Gerichts gegen Satan selbst richten. Der Erzengel Michael und die Engel Gottes, die seinem Befehl unterstehen, werden Satan und seine Engel an ihrem Aufenthaltsort im Himmel angreifen (Offb 12,7). Als Ergebnis dieses Kampfes in der geistlichen Sphäre werden Satan und seine Engel aus ihrem Himmel ausgestoßen und auf die Erde geworfen – besiegt, aber noch nicht endgültig geschlagen (Offb 12,8-9). Dadurch werden Satan und sein ganzes Reich auf die Erde beschränkt, um dort die Entscheidungsschlacht mit Christus zu erwarten.

Wenn Gott sein Gericht über Satan und sein Reich ausgießt, wird offensichtlich, dass er damit beginnt, seinen Plan für die Aufrichtung des theokratischen Reiches in die Tat umzusetzen und Gottes Geschöpfe im Himmel werden in gespannter Erwartung dieses gesegneten Ereignisses voller Jubel ausrufen:

*Das Reich der Welt ist unseres Herrn und seines Christus geworden, und er wird herrschen von Ewigkeit zu Ewigkeit (Offb 11,15).*

Nun ist das Heil und die Kraft und das Reich unseres Gottes und die Macht seines Christus gekommen; denn hinabgeworfen ist der Verkläger unserer Brüder, der sie Tag und Nacht vor unserem Gott verklagte (Offb 12,10).

*Der Aufmarsch der Heere.* Satan wird nicht der Einzige sein, der an der Versammlung aller Armeen der Welt in Israel am Ende der siebzigsten Jahrwoche beteiligt ist. Auch Gott wird dabei seine Hand im Spiel haben (Zef 3,8; Sach 14,1-2; Offb 16,1.12). Er verfolgt damit das Ziel, diese gottlosen Heere zu vernichten (Ps 2,4-12; Joe 4,9-16).

*Israels Buße.* Eines von Gottes Hauptzielen für die siebzigste Jahrwoche wird darin bestehen, das Volk Israel zu wahrer Buße zu leiten. Seit Jahrhunderten befindet sich Israel in einem Zustand der Rebellion und weigert sich, Buße zu tun und damit die Aufrichtung des theokratischen Reiches zu ermöglichen. Das Ergebnis davon war, dass das Volk eine Verfolgung nach der anderen erleiden musste, als die heidnischen Nationen nacheinander ihren Antisemitismus auslebten. Bisher allerdings gab es andere Nationen, bei denen die Juden in Zeiten der Unterdrückung Zuflucht und Beistand suchen konnten. Jetzt, nach über 1900 Jahren der Zerstreuung in alle Welt, haben sie wieder einen Staat in ihrem Heimatland (die Schrift zeigt, dass dies spätestens beim Offenbarwerden des Antichrists der Fall sein würde).

Wenn der Antichrist die Juden schlimmer verfolgen wird, als es jemals zuvor der Fall war, wird es keine Nationen mehr geben, bei denen sie Zuflucht oder Hilfe suchen können, weil ihr Verfolger weltweit herrscht. Wenn die Streitkräfte der Welt sich am Ende der siebzigsten Jahrwoche in ihrer Heimat versammeln, werden die Juden vor der totalen Vernichtung stehen (Sach 12,2-3). Gott wird diese fürchterlichen Bedrängnisse als Werkzeug benutzen und Israels Lage ausweglos machen: Kein Entkommen wird möglich sein, es wird keine Fluchtmöglichkeit mehr geben, so dass dem Volk nur noch bleibt, zu ihm aufzuschreien, damit er es durch das Kommen des Messias errettet. Gott wird antworten und Jesus Christus wird vom Himmel herabkommen. Wenn das Volk Israel die Wunden seiner Kreuzigung an seinem Auferstehungsleib sieht, wird es Buße tun (seine Einstellung ändern und ihn nicht mehr verwerfen, sondern als seinen Messias und Retter annehmen). Sie werden über die Tatsache wehklagen, dass ihr Volk ihn bei seinem ersten Kommen als Messias abgelehnt hat (Sach 12,10-14). Als Antwort auf diese Buße wird Gott das Volk von seiner Sünde reinigen (Sach 13,1).

## Die Wiederkunft Jesu Christi

Wenn sich die Armeen der Welt in Harmagedon versammelt haben und Israel Buße getan hat, wird Jesus Christus auf einem weißen Pferd reitend aus dem Himmel kommen – dem Zeichen eines siegreichen Eroberers. Alle Engelheere des Himmels werden ihn begleiten. Der Antichrist, die ihm untergebenen Könige und ihre Armeen werden sich im Land Israel vereinigt haben, um Krieg gegen Christus und seine Engel zu führen, aber sie werden vom Wort und der strahlenden Herrlichkeit des Erlösers vollständig überwunden werden (2Thes 2,8; Offb 19,11.16.19). Der Antichrist und der falsche Prophet werden bei lebendigem Leib in den Feuersee geworfen werden, um dort für immer zu bleiben (Offb 19,20). Die Könige und ihre gottlosen Heere werden getötet, und die Vögel werden ihr Fleisch fressen (Joe 4,9-16; Zef 3,8; Sach 12,2-9; 14,3.12-15; Offb 19,17-18.21). Die politische und militärische Macht von Satans Reich wird damit vollständig vernichtet sein.

Satan selbst wird gebunden und für die nächsten tausend Jahre in den Abgrund geworfen. Das bedeutet, dass er während der Herrschaft Christi auf der gegenwärtigen Erde keinerlei Macht mehr haben wird. Auch seine gefallenen, freien Engel werden in den Abgrund gesperrt (Jes 24,21-22). So wird er während des theokratischen Reiches keinerlei Einfluss in der Welt ausüben (Offb 20,1-3).

Wenn Christus die Erde erreicht hat, wird er die Juden, die immer noch in der Welt zerstreut sind, in Israel versammeln (5Mo 30,1-5; Mt 24,31). Dann wird er über sie Gericht halten. Alle übrig gebliebenen Rebellen werden ausgestoßen, während die erretteten Juden in das Reich eingehen (Hes 20,34-38; Mal 3,2-3.5; Mt 25,1-30; Röm 11,26-27).[337]

Damit wird das erlöste Israel für immer in dem Land leben, das Gott den Juden gegeben hat, und nie mehr von dort vertrieben werden, genau wie Gott es in der Schrift immer wieder verheißen hat (1Mo 12,6-7; 13,14-18; 15,7.18-21; 17,7-8.19-21; 26,1-3; 28,10-13; 35,9-12; 5Mo 30,1-9; Jes 60,21; Jer 32,37-44; Hes 34,22-31; 36,21-28; Joe 4,16-20; Am 9,14-15).

Nach dem Gericht über Israel wird Christus die überlebenden Heiden versammeln, um auch sie zu richten. Auch diesmal werden die Verlorenen in „das ewige Feuer, das bereitet ist dem Teufel und seinen Engeln" geworfen, aber die erlösten Heiden werden in das theokratische Reich eingehen (Joe 4,1-2; Mt 25,31-46).[338]

Bei seiner Wiederkunft wird Christus die Heiligen des Alten Testaments auferwecken und die Heiligen der siebzigsten Jahrwoche, die vor seinem Kommen starben (Jes 26,19; Dan 12,2; Offb 20,4-5).[339] Auch sie werden in das theokratische Reich eingehen.

Die Heiligen des Gemeindezeitalters werden mit Christus bei seiner Wiederkunft vom Himmel zur Erde kommen, „und so werden wir allezeit beim Herrn sein" (1Thes 4,17).

## Die Kennzeichen des theokratischen Reiches

Nachdem Christus alle mit seiner Wiederkunft zusammenhängenden Werke verrichtet hat, wird er das verheißene theokratische Reich aufrichten (Offb 20,4-6). Die ganze Welt wird unter Christi Herrschaft stehen, der von einer Frau geboren ist und die Erde für Gott in Übereinstimmung mit seinem Willen regieren wird (Ps 2,7-8; Sach 14,9; Offb 11,15). Als Nachkomme Davids wird er die prophetischen Schriften erfüllen und auf Davids Thron als König über Israel herrschen (Jes 9,6; 11,1-12; Jer 23,5-8; 33,14-16; Lk 1,31-33; Apg 2,29-30; Offb 22,16). Als König der Könige und Herr der Herren wird er außerdem über alle heidnischen Könige und ihre Völker herrschen (Ps 72,8-11; Dan 7,13-14; Sach 14,9; Offb 11,15; 19,16). Die Welt wird erneut eine theokratische Regierung haben.

Wenn er das theokratische Reich aufrichtet, wird Christus viele der tragischen Konsequenzen der menschlichen Rebellion in Eden wieder aufheben. Alle Tiere werden wieder zahm sein (Jes 11,6-9; 65,25), er wird alle Krankheiten und Missbildungen heilen (Jes 33,24; 35,5-6), Gefährdungen beseitigen (Hes 34,25-29) und die menschliche Lebensdauer verlängern (Jes 65,20.22). Er wird einen großen Überfluss an Bäumen und Früchten (Jes 55,13; Hes 47,12; Joe 2,21-22), Fisch (Hes 47,9-10), Getreide und Most (Joe 2,24; Am 9,13) schaffen, die Umwelt zugunsten des Menschen regulieren (Hes 34,26-27), die Umweltzerstörungen rückgängig machen (Hes 47,1-12) und Kriegen und Ungerechtigkeit ein Ende bereiten (Jes 2,2-4; 9,6; 11,2-5; Jer 23,5; Mi 4,1-3; Sach 9,9-10). Zusammengenommen werden all diese Veränderungen das ergeben, was Jesus und Petrus als „Wiedergeburt", „Zeiten der Erquickung" und „Zeiten der Wiederherstellung aller Dinge" bezeichnet haben (Mt 19,28; Apg 3,19-21). Es wird in der Tat das goldene Zeitalter der gegenwärtigen Erde sein!

Während des theokratischen Reiches wird Israel endlich die Rolle ausfüllen, die Gott ursprünglich für es geplant hatte — der geistliche Führer der ganzen Welt zu sein (2Mo 19,5-6). Israels Hauptstadt Jerusalem wird das geistliche und politische Zentrum der Welt sein. Alle Völker werden dorthin kommen, um Christus anzubeten und in seiner Wegen und denen des Wortes Gottes unterwiesen werden (Jes 2,1-4; 11,10-12; Mi 4,1-3).

Die Heiden werden die Israeliten als „Priester des HERRN" und „Diener unseres Gottes" bezeichnen (Jes 61,6). In ihrem Wunsch, den Herrn in Jerusalem zu suchen und vor seinem Angesicht anzubeten, werden Menschen „aus Nationen mit ganz verschiedenen Sprachen zugreifen, ja, sie werden den Rockzipfel eines jüdischen Mannes ergreifen und sagen: Wir wollen mit euch gehen, denn wir haben gehört, dass Gott mit euch ist" (Sach 8,20-23). Jedes Jahr werden alle Völker nach Jerusalem hinaufziehen, um Christus, den König, anzubeten und das Laubhüttenfest zu feiern (Sach 14,16-19).

Weil Gott festgesetzt hat, dass Israel während des zukünftigen theokratischen Reiches der geistliche Führer der ganzen Welt sein soll, wird er dieses Reich erst dann aufrichten, wenn das Volk selbst durch seine Buße geistlich in der richtigen Beziehung zu ihm steht. Genau deshalb beauftragte Jesus Christus seine Apostel, das Evangelium vom Reich („Tut Buße! Das Reich der Himmel ist nahe gekommen.") ausschließlich den Juden zu verkündigen (Mt 10,5-7). Israel, nicht die Heiden oder die Samariter, muss geistlich in der richtigen Beziehung zu Gott stehen, bevor er das Reich aufrichten wird. Israel bleibt also – in Übereinstimmung mit Gottes souveränem Plan für die Welt – ein Schlüssel für die Verwirklichung von Gottes Ziel der Geschichte.

Am Anfang wird die Bevölkerung des theokratischen Reiches aus den Heiligen aller vorangegangenen Zeitalter bestehen, kein Unerretteter wird aus der siebzigsten Jahrwoche in das Reich eingehen. Aber im Laufe der Zeit werden die Heiligen, die die siebzigste Jahrwoche überlebt haben und mit sterblichen Körpern in das Reich eingegangen sind, Kinder zeugen, die nicht wiedergeboren sind (Jer 30,19-20; Hes 47,22). Zweifellos werden viele dieser Kinder die Errettung annehmen, wenn sie größer werden, aber viele andere werden Christus ihr Leben lang ablehnen. Sie werden ihn trotz seiner herrlichen Gegenwart ablehnen, obwohl in der Welt nahezu vollkommene Bedingungen herrschen und obwohl Satan keinerlei Einfluss mehr ausübt. Damit werden diese Menschen zeigen, dass die menschliche Auflehnung gegen Gott seit dem Sündenfall tatsächlich nicht von Satans Einfluss, den schlechten Bedingungen oder Gottes Unsichtbarkeit herrührte. Stattdessen kam sie aus dem Menschen selbst, sie entsprang seiner Sündennatur.

Diese Unerlösten werden sich an Christi eiserner Herrschaft stoßen. Sie werden sich an der völligen Gerechtigkeit und dem unbeugbaren Recht ärgern, die er unablässig auf der ganzen Welt durchsetzen wird (Jes 11,3-5; 9,6).[340] Jeder, der sichtbar rebelliert oder offenkundig vor aller Augen sündigt, wird sofort mit dem körperlichen Tod bestraft werden (Ps 72,1-4; Jes 11,4; 29,20-21; Jer 31,29-30).[341] Anstatt den Tod in Kauf zu nehmen, werden viele ihre innere Auflehnung verbergen und auf eine Gelegenheit hoffen, bei der sie Christi Herrschaft stürzen können.

Das theokratische Reich wird tausend Jahre lang auf der gegenwärtigen Erde bestehen (Offb 20,4-6). Aus diesem Grund sprechen viele Bibelgelehrte vom Tausendjährigen Reich, oder, abgeleitet von dem lateinischen Wort für „tausend", vom Millennium.

## Satans letzter Versuch

Während Satan tausend Jahre lang im Abgrund gebunden ist, hat er viel Zeit, über all die Fehler nachzudenken, die er bei seinem Krieg gegen das Reich Gottes gemacht hat. Durch seine Niederlage hat er viel über Gottes Strategie gelernt, und er wird sich überlegen, was er besser hätte machen können, um Sieger zu bleiben. Im Laufe der Zeit wird er sich selbst vormachen, dass er den souveränen Gott besiegen könnte, wenn er nur eine zweite Chance bekäme.

Um zu zeigen, dass es absolut keine Möglichkeit gibt, seine souveräne Herrschaft zu stürzen, wird Gott Satan die Gelegenheit geben, seinen sorgfältig ausgeklügelten Plan in die Tat umzusetzen. Nachdem das tausendjährige theokratische Reich zu Ende ist, wird Satan für eine kurze Zeit aus dem Abgrund losgelassen (Offb 20,3.7). Durch Verführung wird er all die Unzufriedenen um sich scharen, die ihren Hass gegen Christi gerechte Herrschaft in ihrem Inneren verborgen gehalten haben (Offb 20,8). Sobald sie den Kampf mit den Heiligen aufnehmen, wird Gott ihre Rebellion sofort unterdrücken und sie mit Feuer vom Himmel vernichten (Offb 20,9). Dieses Mal wird Satan in den Feuersee geworfen, wo er mit dem Antichristen und dem falschen Propheten ewige Pein leiden muss (Offb 20,10). Zweifellos werden auch alle seine Engel mit ihm zusammen dorthin versetzt.[342] Damit ist seine endgültige Niederlage besiegelt. Nie wieder wird er Gottes Souveränität infrage stellen.

## Das Gericht über die Ungläubigen

Nach Satans endgültiger Niederlage werden alle menschlichen Bürger seines Reiches aus allen Zeitaltern von den Toten auferweckt, um vor Gottes großem weißem Thron zu erscheinen. Da keiner von ihnen errettet ist, wird es bei diesem Gericht darum gehen, das Maß ihrer ewigen Strafe festzulegen. Dass sie verloren sind, steht schon fest.[343] Nach Beendigung dieses Gerichts werden alle Ungläubigen für immer in den Feuersee geworfen, wo sie von Ewigkeit zu Ewigkeit gepeinigt werden (Offb 20,11-15). Daran zeigt sich, dass Satans ganzes Reich seine Strafe bewusst erleiden wird und für alle Ewigkeit vollständig von Gott getrennt bleibt.

## Die Vernichtung des Todes, der Himmel und der Erde

Bevor Gott die Geschichte der Welt beendet, indem er die gegenwärtigen Himmel und die Erde vernichtet, wird er den Tod beseitigen (Offb 20,14). Weil der Tod der letzte Feind des Menschen ist, der weggetan wird, wird diese Tat Gottes das sichtbare Zeichen dafür sein, dass alle tragischen Folgen der menschlichen Rebellion durch das Werk Jesu Christi vollständig aufgehoben wurden (1Kor 15,24-26). Dadurch, dass er Satan und sein Reich für immer vernichtet, sein eigenes theokratisches Reich auf der Erde aufrichtet und die tragischen Konsequenzen der menschlichen Rebellion aufhebt, wird Gott zeigen, dass er allein der souveräne Gott ist.

Da er nun das Ziel der Geschichte der gegenwärtigen Welt verwirklicht hat, wird Gott die gegenwärtigen Himmel und die Erde, die von ihrer aufrührerischen Vergangenheit befleckt sind, vernichten, und an ihrer Stelle einen neuen Himmel und eine neue Erde erschaffen (2Petr 3,10-13; Offb 21,1).

## Kennzeichen des zukünftigen ewigen Reiches

Alle Engel und Menschen, die Mitglieder von Gottes Reich sind, werden von Ewigkeit zu Ewigkeit in den neuen Himmeln und der neuen Erde wohnen. Sie werden sich für immer an der herrlichen Gegenwart und Gemeinschaft mit Gott und Christus erfreuen und noch viele andere unaussprechliche Segnungen erfahren. Eine dieser Segnungen wird in der vollständigen Abwesenheit von Sünde, Tod, Schmerz und Leid bestehen (Offb 21 — 22). Nie wieder wird es einen Aufstand gegen Gott und sein Reich geben.

# Schluss

## Zwei interessante Fragen

Die biblische Geschichtsphilosophie wirft mindestens zwei Fragen auf. Die erste lautet: Angesichts all des Schmerzes und des Leids, die Folge der Rebellion waren – warum hat Gott überhaupt die Möglichkeit zur Rebellion in seine personalen Untertanen hineingelegt? Diese Frage läuft auf dasselbe hinaus wie die Frage: Warum hat Gott Engel und Menschen einen freien Willen gegeben und ihnen die Fähigkeit verliehen, zwischen Gehorsam und Rebellion zu wählen?

Diese Frage wird in der Bibel nicht beantwortet. Die Annahme scheint aber vernünftig, dass Gott sich an der Gemeinschaft mit seinen Geschöpfen erfreuen und von ihnen Liebe und Anbetung entgegennehmen wollte (1Mo 3,8-9). Echte Gemeinschaft, Liebe und Anbetung sind nichts Erzwungenes oder Mechanisches, sondern müssen aus freiem Willen erfolgen. Nur Personen, die einen eigenen Willen haben und die die Fähigkeit besitzen, eine Wahl zu treffen, können sie auch aus freiem Willen geben. Offensichtlich entschied Gott, dass eine freiwillige Reaktion – obwohl sie das Risiko einer Rebellion einschloss – mehr wert war als eine vorprogrammierte, mechanische Reaktion, die jegliche Rebellion ausschloss.

Die zweite Frage lautet, warum ließ Gott die Rebellion so lange weiterlaufen? Warum zeigte er nicht seine Souveränität und zerschmetterte Satan, sobald dieser sich aufgelehnt hatte? Wieder gibt die Bibel keine Antwort. Vielleicht hätten andere Geschöpfe später den Schluss gezogen, dass Satans Scheitern an der Wahl der falschen Methode lag, oder dass er einfach nicht genug Zeit hatte, seinen Plan komplett durchzuführen, wenn Gott ihn sofort vernichtet hätte. So könnten andere, die der Meinung sind, es besser zu können, dazu verleitet werden, selbst einen Umsturzversuch zu planen, und im Reich Gottes würde es eine Rebellion nach der anderen geben. Um weitere Aufstände zu vermeiden, gibt Gott Satan genügend Zeit, um jedes erdenkliche Mittel auszuprobieren. Gott benutzt diesen schmerzhaften Anschauungsunterricht, um all seinen Geschöpfen eine unauslöschliche Lektion einzuprägen — dass niemand, egal, wie viel Mühe er sich gibt oder wie lange und mit welchen Methoden er es versucht, jemals Gottes souveräne Herrschaft umstoßen kann. Solche Versuche bewirken nichts und enden nur in qualvollem Leid und einer Niederlage.

## Antworten auf die Grundfragen der Menschheit

Die biblische Geschichtsphilosophie beantwortet die drei Grundfragen der Menschheit, „Woher kommen wir? Warum sind wir hier? Wohin gehen wir?"

Bezüglich der Frage, woher wir kommen, lehrt die Bibel, dass wir von einem souveränen, allmächtigen Gott erschaffen wurden. Zweitens zeigt uns die Bibel, dass wir hier sind, um eine persönliche Beziehung zu ihm zu haben und ihm als Bürger und Zeugen seines allumfassenden Reiches aktiv zu dienen.

Auf die dritte Frage gibt die Bibel eine doppelte Antwort. Erstens gehen diese Welt und die menschliche Rasse der endgültigen Niederlage Satans und seines Reiches und dem herrlichen Sieg Gottes und seines Reiches entgegen. Zweitens erwarten uns als Einzelpersonen entweder ewige Segnungen oder eine ewige Bestrafung, je nachdem, zu wessen Reich wir gehören. Jeder von uns wurde als Mitglied von Satans Reich in diese Welt geboren, und auf dieses Reich wartet das göttliche Gericht. Aber weil Jesus Christus die volle Strafe für unsere Sünde bezahlt hat, können wir in das Reich Gottes versetzt werden, und wir stehen nicht mehr unter dem Gericht, wenn wir unser Vertrauen in ihn als unseren Retter setzen (Röm 8,1; Kol 1,13-14). Da die Herrschaft Gottes, des souveränen Königs und Richters, nicht umgestürzt werden kann, wäre in der Tat jeder töricht, der „eine so große Rettung" missachtet (Ps 2,10-12; Hebr 2,1-3).

# Anmerkungen

1 „Theocracy", *The Oxford English Dictionary*, 1961, Band XI.
2 W. E. Vine, *An Expository Dictionary of New Testament Words*, S. 320.
3 H. C. Leupold, *Exposition of Genesis*, S. 226.
4 Ebenda, S. 328.
5 Samuel J. Schultz, *The Old Testament Speaks*, S. 17. Deutsch: Die Welt des Alten Testaments
6 Leupold, *Genesis*, S. 413.
7 C. H. Mackintosh, *Die fünf Bücher Mose*, S. 297.
8 John C. Whitcomb, Jr., „The Millenial Temple of Ezekiel 40-48", S. 6.
9 Schultz, S. 84.
10 John J. Davis, *Conquest and Crisis*, S. 19.
11 Ebenda, S. 40.
12 Ebenda, S. 77.
13 Ebenda, S. 97.
14 Charles C. Ryrie, *The Basis of the Premillennial Faith*, S. 77.
15 Ebenda, S. 81.
16 Ebenda, S. 80-81.
17 Samuel J. Schultz, *The Old Testament Speaks*, S. 139. siehe oben
18 John J. Davis, *The Birth of a Kingdom*, S. 189.
19 Schultz, S. 198-199.
20 Ebenda, S. 199.
21 Ebenda. S. 154.
22 Ebenda, S. 201.
23 Ebenda, S. 214.
24 Ebenda, S. 167.
25 Ebenda, S. 225.
26 Ebenda, S. 226.
27 Ebenda, S. 228.
28 Ebenda, S. 154.
29 A. T. Olmstead, *History of the Persian Empire*, S. 50.
30 John C. Whitcomb, Jr., unveröffentlichte Mitschrift.
31 Samuel J. Schultz, *The Old Testament Speaks*, S. 412. siehe oben

32 Charles F. Pfeiffer, *Exile and Return*, S. 119.
33 Whitcomb.
34 Norman H. Snaith, *The Jews From Cyrus to Herod*, S. 21.
35 Ebenda, S. 22.
36 Charles F. Pfeiffer, *An Outline of Old Testament History*, S. 141.
37 Snaith, S. 23.
38 Ebenda.
39 Ebenda, S. 22, 25-29.
40 Ebenda, S. 29.
41 Ebenda, S. 30.
42 Ebenda, S. 35, 37.
43 Ebenda, S. 37.
44 Pfeiffer, *Outline*, S. 143.
45 Snaith, S. 37.
46 Ebenda.
47 Pfeiffer, *Outline*, S. 145.
48 Snaith, S. 37-39.
49 Pfeiffer, *Outline*, S. 145.
50 Ebenda, S. 146.
51 Snaith, S. 54.
52 Merrill C. Tenney, *New Testament Times*, S. 142.
53 John Fox und John Milner, *Das christliche Märtyrerthum* [sic!], S. 16.
54 Earle E. Cairns, *Christianity Through the Centuries*, S. 98.
55 Fox und Milner, S. 27.
56 Ebenda, S. 22, 19.
57 Cairns, S. 98.
58 Ebenda.
59 Ebenda, S. 100.
60 Ebenda.
61 Ebenda, S. xxii.
62 Ebenda, S. 101.
63 Ebenda.
64 Jesse Lyman Hurlbut, *The Story of the Christian Church*, S. 73.
65 Cairns, S. 135.
66 Hurlbut, S. 79.
67 Ebenda.
68 Ebenda, S. 80.
69 Ebenda.
70 Cairns, S. 109, 122.
71 Ebenda, S. 80.
72 Hurlbut, S. 159.
73 Ebenda, S. 160.
74 Adolf Harnack, „Millenium", *Encyclopedia Britannica*, Ausgabe von 1946, Band XV, S. 496.
75 John F. Walvoord, *The Millenial Kingdom*, S. 44.
76 Ebenda, S. 45.
77 Adolf Harnack, „Millenium", *Encyclopedia Britannica*, 9. Auflage, Band XVI, S. 315.
78 Harnack„ „Millenium", *Encyclopedia Britannica*, Ausgabe von 1946, Band XV, S. 496.
79 Ebenda.
80 Walvoord, S. 47-48.
81 Ebenda, S. 50-51.

82 Cairns, S. 161.
83 Walvoord, S. 50.
84 Ebenda, S. 45.
85 Ebenda, S. 51.
86 Cairns, S. 161.
87 Für eine hervorragende Darstellung, wie sich die Ersatztheologie im frühen Christentum entwickelt hat, siehe: *Israel aus der Sicht der Gemeinde* von Rinaldo Diprose (Hammerbrücke: Jota-Publ., 2001)
88 Hurlbut, S. 130-131.
89 Ebenda, S. 115.
90 Ebenda, S. 116.
91 Ebenda, S. 117.
92 Ebenda.
93 Harnack, „Millenium", *Encyclopedia Britannica*, Ausgabe von 1946, S. 497.
94 Für eine Beschreibung solcher Gruppen siehe E. H. Broadbent, *Gemeinde Jesu in Knechtsgestalt: ein Gang durch ihre zweitausendjährige Geschichte*, 1987. (Erscheint seit der 4. Auflage 1995 unter dem Titel *2000 Jahre Gemeinde Jesu: eine spannende Kirchengeschichte besonderer Art.*)
95 Hurlbut, S. 142-143.
96 Ebenda, S. 143.
97 Ebenda, S. 142-143.
98 Cairns, S. 283.
99 Ebenda, S. 284.
100 Hurlbut, S. 150.
101 Cairns, S. 287.
102 Hurlbut, S. 150-151.
103 Cairns, S. 287.
104 Hurlbut, S. 151.
105 Ebenda, S. 151-154.
106 Ebenda, S. 155-156
107 Cairns, S. 331-333.
108 Hurlbut, S. 156.
109 Cairns, S. 341-343.
110 Ebenda, S. 349-353; 333-334.
111 Ebenda, S. 344-348.
112 Ebenda, S. 354-362.
113 Ebenda, S. 385-386.
114 Earle E. Cairns, *Christianity Through the Centuries*, S. 379-380.
115 Ebenda, S. 377-378.
116 Ebenda, S. 378.
117 Ebenda, S. 376-378, 350.
118 Ebenda, S. 343.
119 Ebenda, S. 360.
120 Ebenda, S. 361-362.
121 Louis B. Wright, „The World of Elizabeth I", S. 673.
122 Cairns, S. 362.
123 Ebenda, S. 351.
124 Ebenda, S. 380-382.
125 Ebenda, S. 338.
126 Ebenda, S. 331-334.
127 Ebenda, S. 332-333.

128 Ebenda, S. 405.
129 Ebenda, S. 407.
130 Ebenda, S. 407-408.
131 Ebenda, S. 408, 410.
132 Ebenda, S. 409.
133 Ebenda.
134 Ebenda, S. 411.
135 Ebenda.
136 Ebenda, S. 412-414.
137 Ebenda, S. 416-419.
138 Ebenda, S. 401.
139 John Dillenberger und Claude Welch, *Protestant Christianity*, S. 157.
140 Ebenda, S. 158.
141 Ebenda, S. 181.
142 Ebenda, S. 197.
143 Ebenda, S. 188.
144 Ebenda.
145 Ebenda, S. 197.
146 Ebenda, S. 189.
147 Ebenda, S. 195.
148 Cairns, S. 447.
149 Dillenberger und Welch, S. 195.
150 Ebenda, S. 189.
151 Ebenda, S. 194.
152 Ebenda, S. 195.
153 Ebenda.
154 Donald Grey Barnhouse, *The Invisible War*, S. 66.
155 Cairns, S. 449-450.
156 Dillenberger und Welch, S. 239.
157 Ebenda, S. 240.
158 Cairns, S. 452.
159 Dillenberger und Welch, S. 239.
160 Ebenda, S. 241.
161 Ebenda, S. 201-202.
162 Ebenda, S. 202.
163 Ebenda.
164 Cairns, S. 450.
165 Ebenda, S. 451.
166 Dillenberger und Welch, S. 206.
167 Cairns, S. 451.
168 Dillenberger und Welch, S. 206.
169 Cairns, S. 451.
170 Dillenberger und Welch, S. 202.
171 Ebenda.
172 George Gaylord Simpson, *Auf den Spuren des Lebens*, S. 215.
173 Dillenberger und Welch, S. 205-206.
174 Cairns, S. 451.
175 Ebenda, S. 439, 456.
176 Ebenda, S. 454-456.
177 Ebenda, S. 456.
178 Ebenda, S. 457.

179 Dillenberger und Welch, S. 199.
180 Ebenda, S. 200.
181 Ebenda.
182 Ebenda, S. 199.
183 Ebenda, S. 222.
184 Ebenda, S. 200.
185 John Dillenberger und Claude Welch, *Protestant Christianity*, S. 207.
186 Ebenda, S. 211.
187 Ebenda, S. 225.
188 Ebenda, S. 212-213.
189 Ebenda, S. 213.
190 Ebenda.
191 Ebenda, S. 213-214.
192 Ebenda, S. 214.
193 Ebenda, S. 215.
194 Ebenda.
195 Ebenda, S. 216.
196 Ebenda, S. 217.
197 Ebenda, S. 217-218.
198 Ebenda, S. 218.
199 Ebenda, S. 219, 222.
200 Ebenda, S. 219-220.
201 Ebenda, S. 218, 222.
202 Ebenda, S. 219.
203 Ebenda, S. 219-222.
204 Earle E. Cairns, *Christianity Through the Centuries*, S. 464.
205 Dillenberger und Welch, S. 223.
206 Ebenda, S. 243.
207 Ebenda, S. 244.
208 Ebenda, S. 232.
209 Cairns, S. 463.
210 Ebenda.
211 Dillenberger und Welch, S. 232, 246.
212 Ebenda, S. 252.
213 Ebenda.
214 Cairns, S. 481.
215 Ebenda.
216 Ebenda.
217 Ebenda, S. 480.
218 Dillenberger und Welch, S. 291.
219 Ebenda, S. 292.
220 Ebenda.
221 Ebenda, S. 249.
222 Ebenda, S. 295.
223 Ebenda, S. 253, 290.
224 Ebenda, S. 253.
225 Ebenda, S. 258.
226 Ebenda.
227 Ebenda, S. 264-266.
228 Ebenda, S. 269-273.
229 Ebenda, S. 277-278.

230 Ebenda, S. 279.
231 Ebenda, S. 274.
232 Ebenda, S. 281.
233 Ebenda, S. 274.
234 Ebenda, S. 276.
235 Ebenda.
236 Ebenda, S. 279.
237 Ebenda, S. 282-283.
238 Ebenda, S. 258.
239 Ebenda, S. 259.
240 John Charles Cooper, *The Roots of the Radical Theology*, S. 118, 121.
241 Ebenda, S. 135.
242 Harold O. J. Brown, „Dreams of a Third Age", *Christianity Today*, XV, 21 (16. Juli 1971), 4 [952].
243 William E. Hordern, *A Layman's Guide to Protestant Theology*, S. 170, 182, 184.
244 Gerd Lüdemann, *Der große Betrug: Und was Jesus wirklich sagte und tat*, S. 15, 17.
245 *Humanist Manifesto II*, American Humanist Association, [www.humanist.net/documents/manifesto2.html], S. 2-3.
246 John Charles Cooper, *The Roots of Radical Theology*, S. 141.
247 *Humanist Manifesto II*, American Humanist Association, [www.humanist.net/documents/manifesto2.html], S. 3.
248 Harold O. J. Brown, „Dreams of a Third Age", Christianity Today, XV, 21 (16. Juli 1971), 4 [952].
249 Ebenda.
250 John Leo, „On Society—Notes of a nonvictim", *U.S. News & World Report* (6. Oktober 1997), S. 11.
251 Neil Postman und Charles Weingartner, *Fragen und Lernen: Die Schule als kritische Anstalt*, S. 142. Hervorhebung im Original.
252 Ebenda, S. 291.
253 Zitiert nach: „The Buzz: Q & A with 'God'", *World* (11. Mai 2002), S. 7. [Anm. d. Übers.: Das erwähnte Buch ist auch in einer deutschen Übersetzung erschienen: Neale Donald Walsch: *Gespräche mit Gott für Jugendliche*. Das zitierte Gespräch findet sich auf S. 187.]
254 John Leo, „On Society—A no-fault Holocaust", *U.S. News & World Report* (21. Juli 1997), S. 14.
255 Zitiert nach: Gertrude Himmelfarb, *Darwin and the Darwinian Revolution*, S. 386.
256 Zitiert nach: John Leo, „On Society — An outing is no picnic", *U.S. News & World Report* (22. Mai 2000), S. 20.
257 Midge Decter, „The Assault on the Boy Scouts of America", *IMPRIMIS*, Band 31, Nr. 5 (Mai 2002), S. 2, 5-6. Nachdruck genehmigt von: *IMPRIMIS*, the national speech digest of Hillsdale College [www.hillsdale.edu].
258 Ebenda, S. 5.
259 Ebenda, S. 2.
260 Ebenda, S. 4.
261 Ebenda, S. 6.
262 John Leo, „On Society — No takeovers, please", *U.S. News & World Report* (19. Januar 1998), S. 13.
263 John Leo, „On Society — A Kinder, Gentler Army", *U.S. News & World Report* (11. August 1997), S. 14.
264 Ebenda.
265 Ebenda.

266 Zitiert nach: John Leo, „On Society — Mars to Venus: Back off", *U.S. News & World Report* (11. Mai 1998), S. 16.
267 John Leo, „Mars to Venus", S. 16.
268 Ebenda.
269 Lionel Tiger, „Nasty turns in family life", *U.S. News & World Report* (1. Juli 1996), S. 57.
270 Ebenda.
271 Ebenda.
272 Ebenda.
273 Ebenda.
274 Ebenda.
275 Leo, „Mars to Venus".
276 Nacherzählt von und zitiert nach: John Leo, „Mars to Venus".
277 Zitiert nach: Marvin Olasky, „Let boys be boys", *World* (18. August 20001), S. 38.
278 Ebenda.
279 Ebenda.
280 Ebenda.
281 Ebenda.
282 Kenneth L. Woodward, „Feminism and the Churches", *Newsweek* (13. Februar 1989), S. 58.
283 Ebenda, S. 59.
284 Ebenda, S. 58.
285 Ebenda, S. 58, 60-61.
286 Ebenda, S. 59-60.
287 Zitiert nach: Kenneth L. Woodward, ebenda, S. 60.
288 Michael S. McManus, „Presbyterians outraged by 'Re-Imagining' conference", 19. März 1994.
289 Ebenda.
290 Woodward, „Feminism and the Churches", S. 61.
291 *Humanist Manifesto* II, S. 3.
292 Cooper, S. 155.
293 Dillenberger und Welch, S. 290.
294 Cooper, S. 155.
295 *Humanist Manifesto II*, S. 6.
296 Ebenda, S. 7.
297 Pressemitteilung GA 9758 d. Vereinten Nationen, 8. September 2000: „World Lead ers Adopt 'United Nations Millenium Declaration' at Conclusion of Extraordinary Three Day Summit", [http://www0.un.org/News/Press/docs/2000/20000908.ga9758.doc.html], Homepage [www.un.org].
298 Ebenda.
299 Ebenda.
300 Dillenberger und Welch, S. 290.
301 Herausgeber von *Religion Today*, „Current News Summary" (19. Oktober 1999), [www.religiontoday.crosswalk.com/CurrentNewsSummary], Homepage [www.crosswalk.com].
302 Ebenda, 23. Mai 2000.
303 Ebenda, 11. Juli 2000.
304 Ebenda.
305 James Harder, „U.N. Faithful Eye Global Religion", *Insight Magazine* (2. Oktober 2000), [www.insightmag.com/archive/200010034.shtml], Homepage [www.insightmag.com].
306 Zitiert nach: James Harder, ebenda.
307 Ebenda.

308 James Harder, „U.N. Faithful“.
309 Zitiert nach: James Harder, ebenda.
310 James Harder, „U.N. Faithful“.
311 Zitiert nach: James Harder, ebenda.
312 Zitiert nach: Jeffrey L. Sheler, „Pull back or reach out?“, U.S. News & World Report 18. September 2000), S. 74. [Anm. d. Übers.: der deutsche Text des Dokuments „Dominus Iesus“ findet sich online unter http://www.vatican.va/roman_curia/congregations/cfaith/documents/rc_con_cfaith_doc_20000806_dominus-iesus_ge.html].
313 Ebenda.
314 Herausgeber von Religion Today, „Current News Summary“ (18. September 2000), [www.religiontoday.crosswalk.com/CurrentNewsSummary], Homepage [www.crosswalk.com].
315 Ebenda, 7. September 2000.
316 Zitiert nach: Jeffrey L. Sheler, „Plotting world order in Rome“, U.S. News & World Report (10. Juni 1996), S. 66.
317 Joel Belz, „The other fundamentalists“, World (Mai/Juni 2002), S. 5.
318 Ebenda.
319 Ebenda.
320 Gene Edward Veith, „Christians as Taliban“, World (19. Januar 2002), S. 14.
321 Ebenda.
322 Norman Geisler, „What New Agers Believe“, Word of Life Quarterly (Winter 1991), S. 12.
323 Cooper, S. 117.
324 Ebenda, S. 148.
325 Zitiert nach: Brown, „Dreams“, ebenda.
326 Cooper, S. 156-157.
327 Ebenda, S. 154.
328 Ebenda, S. 154-155.
329 Ebenda, S. 155.
330 Ebenda, S. 156.
331 Norman Geisler, „What New Agers Believe“, ebenda.
332 Ebenda.
333 J. Dwight Pentecost, Bibel und Zukunft, S. 225-226, 279-282.
334 Ebenda, S. 317.
335 Ebenda, S. 232-233.
336 Ebenda, S. 313, 315.
337 Ebenda, S. 428-431.
338 Ebenda, S. 431-437.
339 Ebenda, S. 426-427.
340 Ebenda, S. 519.
341 Ebenda.
342 Ebenda, S. 438-439.
343 Ebenda, S. 440.